Auf dem Dienstweg

Die Verstrickung einer Anstalt in die Tötung psychisch Kranker

treff buch

»Dieser Pfleger, ein gesunder kraftvoller Mensch, ist nur dazu da, um diesen einen gemeingefährlichen Irren zu betreuen.«

Aus: Neues Volk 1 (1934) Heft 1, S. 16

Auf dem Dienstweg

Die Verstrickung einer Anstalt in die Tötung psychisch Kranker

von
Asmus Finzen

mit einem Anhang von
Dolf Sternberger

Psychiatrie-Verlag

CIP-Kurztitelaufnahme der Deutschen Bibliothek

Finzen, Asmus:
Auf dem Dienstweg: D. Verstrickung e. Anst. in d. Tötung psych. Kranker / Asmus Finzen. –
Rehburg-Loccum: Psychiatrie-Verlag, 1983
(Treffbuch; Bd. 2)
ISBN 3-88414-043-4
NE: GT

Umschlag: Klaus Meyer-Salzmann
Satz: ODEON ZWO, Hannover
Druck: SOAK, Hannover

Inhalt

Vorbemerkung

Ich wußte es aus Büchern, Zeitungen und Zeitschriften: während des Dritten Reiches – vor allem in den Jahren 1940 und 1941 – sind psychisch Kranke und geistig Behinderte aus ungezählten deutschen psychiatrischen Krankenhäusern und Anstalten systematisch erfaßt, in Vernichtungsanstalten abtransportiert und dort getötet worden. 130 000 Menschen waren es, schätzen die einen; 80 000 schätzen die anderen. Etwa ein Drittel der Kranken und Behinderten, die damals in den psychiatrischen Einrichtungen des Deutschen Reiches lebten, wurden zu Opfern der staatlich gelenkten Mordaktion.

Obwohl ich seit 15 Jahren mit psychisch Kranken arbeite, ist das damalige Geschehen für mich immer merkwürdig abstrakt und unvorstellbar geblieben. Auch die Tatsache, daß ich seit neun Jahren ein psychiatrisches Krankenhaus leite, aus dem 1941 mehr als zweihundert Patienten nach Eichberg, Idstein und Scheuren abtransportiert wurden, um in Hadamar getötet zu werden, hat daran nichts geändert. Nur die Lektüre von Mitscherlichs Dokumenten zu den Nürnberger Ärzteprozessen und Gerhard Schmidts wenig bekanntem Buch »Selektion in der Heilanstalt« hat das Gefühl des Unwirklichen jener Mordaktionen zeitweise durchbrochen.

Das änderte sich, als ich vor einiger Zeit eine Mitarbeiterin unseres Hauses verabschiedete, die als 20jährige junge Frau ihre Pfleglinge mit Leukoplaststreifen auf dem Rücken zwischen den Schulterblättern markieren mußte, bevor sie verladen wurden. Sie habe es weinend und verzweifelt getan, berichtete sie; und sie weinte, als sie uns das erzählte. Seither hat der Gedanke mich nicht mehr losgelassen, was damals in unserem Haus geschehen sein mag, wie die Verantwortlichen sich damals verhalten haben, wie sie verstrickt worden sind. Zwei Mitarbeiter unserer Verwaltung – Herr Schlotbohm und Herr Schrödter – spürten die vorhandenen Dokumente auf. Mit ihrer Hilfe versuchte ich jener Ungeheuerlichkeit näherzukommen: dem auf dem Dienstweg verordneten und organisierten Massenmord. In der Folgezeit habe ich in Hannover, London, Lausanne und bei der Hundertjahrfeier unseres Krankenhauses dazu gesprochen, in einer Tageszeitung und in der französischen »Information Psychiatrique« (1981) dazu geschrieben. Aber es hat lange gedauert, bis ich die Kraft aufbrachte, die hier vorliegende Dokumentation zusammenzustellen.

Was damals geschehen ist, ist heute Geschichte. Es kann veröffentlicht werden ohne Rücksichtnahme auf Menschen, die heute noch leben und ohne ihr Verschulden verstrickt worden sind. Es ist aus zwei Gründen auch an der Zeit. Zum einen beobachte ich immer wieder, daß Mißstände, die heute in der Psychiatrie bestehen, mit den nationalsozialistischen Maßnahmen gegen die psychisch Kranken gleichgesetzt werden. Das verbietet sich, weil es die Ungeheuerlichkeiten von damals in verantwortungsloser Weise bagatellisiert. Zum anderen belegen die Dokumente, in welcher Weise pflichtbewußte, ehrenwerte Bürger bewegt werden können, sich an staatlich gelenkten Verbrechen zu beteiligen.

Konkret geht es um zwei Geschehnisse: die Verlegung geisteskranker Juden über Wunstorf ins »Generalgouvernement« und die sogenannten »planwirtschaftlichen Verlegungen«: Im August 1940 ordnete der Reichsminister des Innern an, die jüdischen Patienten der psychiatrischen Krankenhäuser des norddeutschen Raumes seien in die Provinzial-Heil- und Pflegeanstalt Wunstorf zu verlegen, um von dort weitertransportiert zu werden. Ende September 1940 traten 158 jüdische Patienten aus zahlreichen norddeutschen Anstalten von Wunstorf aus den Weg ins Ungewisse an. 1941 wurden 212 Wunstorfer Patienten unter dem Vorwand sogenannter planwirtschaftlicher Verlegungen ins Hessische verlegt. 95 von ihnen wurden mit Sicherheit in Hadamar vergast. Das Schicksal der übrigen liegt im dunkeln. Die Namen der Betroffenen wurden für die Veröffentlichung anonymisiert. Die erste dieser beiden Maßnahmen ist in der historischen Forschung bisher wenig beachtet worden. Sie mutet an wie eine Fingerübung für die spätere »Euthanasie«-Aktion ebenso wie für die Massenvernichtung der Juden in Auschwitz und an anderen Orten.

Mein Buch wird im Anhang durch den Wiederabdruck von Dolf Sternbergers »Dokumente zu den Geisteskranken-Morden« ergänzt, die inzwischen selber zum zeitgeschichtlichen Dokument geworden sind. Sie erschienen zuerst im März 1947 in der Monatsschrift »Die Wandlung«, die Sternberger damals unter Mitwirkung von Karl Jaspers, Werner Krauss und Alfred Weber herausgab. Die Dokumente sind unverändert aktuell, weil sie den zeitgeschichtlichen Bezugsrahmen der sogenannten Euthanasie in eindrucksvoller Weise ausleuchten. Zunächst ging es um Mitleid mit

Kranken ohne Hoffnung, dann um »höhere staatliche Sittlichkeit«, um ökonomische Vernunft, schließlich um organisierten Mord. Angesichts unserer kaum aufgearbeiteten Vergangenheit betrachte ich die vehemente Diskussion um die aktive Sterbehilfe, die neuerdings aus England und Frankreich zu uns herübergetragen worden ist, mit Besorgnis. Die unabsehbaren Folgen jeder Grenzveränderung der Unantastbarkeit menschlichen Lebens sind nicht absehbar.

Holocaust und die Psychiatrie

Am 1. September 1939 löste Hitler mit dem Überfall auf Polen den Zweiten Weltkrieg aus. Auf den gleichen Tag datierte er den Euthanasie-Erlaß, der das Schicksal von mehr als 100 000 seelisch kranken und geistig behinderten Bürgern besiegelte. Sie wurden vergast, zu Tode gespritzt, oder sie verhungerten: »Reichsleiter Bouhler und Dr. med. Brandt sind unter Verantwortung beauftragt, die Befugnisse namentlich zu bestimmender Ärzte so zu erweitern, daß nach menschlichem Ermessen unheilbar Kranken bei kritischer Beurteilung ihres Gesundheitszustandes der Gnadentod gewährt werden kann.« Unter dem Anschein der Barmherzigkeit schuf dieser Erlaß die Rechtsgrundlage für das Programm der »Vernichtung lebensunwerten Lebens«.

Der Rassenwahn des Dritten Reiches setzte in brutale Wirklichkeit um, was wirklichkeitsfremde Wissenschaftler unter dem Eindruck des verlorenen Ersten Weltkrieges propagiert hatten. Der angesehene Leipziger Rechtsprofessor Binding und der ebenso angesehene Freiburger Psychiatrieprofessor Hoche verfochten schon 1922 in einer vielbeachteten Schrift »die Freigabe der Vernichtung unwerten Lebens«. Die späten Folgen waren so furchtbar, daß Psychiatrie und Psychiatrie-Geschichte lange vor der Frage verstummt sind: Wie konnte so etwas geschehen?

Nur wenige, etwa die Heidelberger Victor von Weizsäcker (1947) und Alexander Mitscherlich (1948, 1960), der Marburger Helmut Erhardt (1965) und der Lübecker Gerhardt Schmidt (1965) – alle Ärzte und bis auf von Weizsäcker auch Psychiater –, haben es in den ersten beiden Jahrzehnten nach dem Krieg gewagt, sich diesem Thema zu stellen. Danach war es weitgehend verdrängt, keinesfalls bewältigt. Erst die Holocaust-Diskussion in der Bundesrepublik hat es wieder hervorbrechen lassen. Die Deutsche Gesellschaft für Soziale Psychiatrie legte »zum 40. Jahrestag von Hitlers Ermächtigung zur Tötung psychisch Kranker, den 120 000 getöteten psychisch kranken und geistig behinderten Bürgern und ihren Familien, zu ihrem Gedenken« eine Schrift vor, in der es heißt:

»Wer von uns hat es denn schon gewagt, ein Wort an die ermordeten psychisch kranken Bürger zu richten oder an ihre noch lebenden Angehörigen?

Wer hat ihnen irgendwelche – noch so fragwürdigen – Wiedergutmachungsansprüche (man kann nichts wiedergutmachen!) zugesprochen? Wer hat diejenigen Pfleger, Schwestern und Ärzte bedacht, die damals im Einzelfall oder darüber hinaus Widerstand geleistet haben? Wer hat sich mit denjenigen Pflegern, Schwestern und Ärzten beschäftigt, die damals Täter waren, die das Tötungsprogramm gläubig und besten Willens gefördert haben oder die zumindest mitgemacht und damit das gute Funktionieren des Systems garantiert haben? Und wer von uns hat sich schon überlegt, was in dem psychiatrischen Versorgungssystem selbst schon enthalten gewesen sein muß, das das reibungslose Funktionieren des Tötungsprogramms ermöglichte?«

Auch wenn wir heute in Krankenhäusern arbeiten, die noch Anfang der vierziger Jahre im Rahmen der Euthanasieaktion des Dritten Reiches geschlossen wurden, können wir uns nicht vorstellen, daß das, was wir in Dokumenten lesen – etwa in Mitscherlichs »Medizin ohne Menschlichkeit« – Wirklichkeit gewesen sein soll.

Die Gefühllosigkeit, mit der die Aktion begonnen und fortgesetzt wurde, ist beklemmend. Der Führererlaß genügte den Beteiligten, die Mord- und Totschlagsparagraphen des Strafgesetzbuches für die Tötung von seelisch Kranken außer Kraft zu setzen. Führende deutsche Psychiater – so heißt es – wurden zusammengerufen und informiert. Fast alle, so wird uns berichtet, schwiegen. Und dann nahm die Maschinerie der Vernichtung ihre Arbeit auf. Eine gemeinnützige Stiftung für Anstaltspflege tarnte die Vernichtungsanstalten in Hadamar / Hessen, Grafeneck / Württemberg und an vier anderen Orten des Reiches. Eine gemeinnützige Krankentransportgesellschaft übernimmt es, ihnen Kranke zur Tötung zu bringen. Fragebögen werden an die psychiatrischen Krankenhäuser versandt, in denen sie Aufschluß über den Gesundheitszustand ihrer Patienten geben müssen, über Art der Behinderung, Intelligenzminderung, Arbeitsfähigkeit. Unten links auf diesen Bögen findet sich ein dick umrandetes schwarzes Kästchen. Anonyme Gutachter, die Tausende solcher Bögen in wenigen Tagen, ja manchmal in Stunden »prüfen«, setzen dort ein Kreuz oder einen Strich ein – ohne jemals einen Kranken gesehen zu haben. Das Kreuz bedeutet verlegen, vergasen, verbrennen.

Die Maschinerie arbeitete rasch und wirkungsvoll. Der verantwortliche Arzt, Dr. med. Karl Brandt, räumte im Nürnberger Ärzteprozeß die Tötung von etwa 60 000 seelisch Kranken und geistig Behinderten bis zum Widerruf des Erlasses im August 1941 ein (vgl. Mitscherlich 1960). Die genaue Zahl der Opfer ist ebenso umstritten wie jene bei der Tötung aus rassischen Gründen. Immerhin lassen sich annähernd genaue Zahlen im württembergischen Grafeneck ermitteln, wo – entgegen der vorgeschriebenen monatlichen Zählung – die Urnen der Opfer versehentlich bis 18 000 durchnumeriert wurden. Vom hessischen Hadamar wird berichtet, dort sei 1941 die zehntausendste Leiche in widerlicher Weise gefeiert worden. Eine vermutlich für das Reichsinnenministerium angefertigte Liste nennt im Januar 1942 die Zahl von 93 521 Betten in den Heil-und Pflegeanstalten, die dank der Aktion »anders verwendet werden konnten«. Das würde bedeuten, daß von den 280 000 bis 300 000 seelisch Kranken und geistig Behinderten, die in den mehr als 900 Anstalten Deutschlands untergebracht waren, jeder dritte durch die nationalsozialistische Euthanasie ums Leben gekommen ist (Wollasch 1978).

Als die Aktion ruchbar wurde, regte sich Widerstand. Die Bewohner von Limburg beunruhigten sich über die schwarzen Rauchwolken über der Anstalt Hadamar. Angehörige von Kranken zweifelten an der Richtigkeit der letzten Diagnosen und wandten sich an die Polizei. Staatsanwaltschaften mußten an Ermittlungen gehindert werden. Offener Widerstand formierte sich vor allem bei den Kirchen. Der württembergische Landesbischof Wurm wandte sich ebenso empört an den Führer wie der Bischof von Münster, Kardinal Graf Galen. Dessen Predigt vom 3. August 1941 in der Lamberti-Kirche zu Münster gehört zu den unerschrockensten Zeugnissen des bekennenden Widerstandes im Dritten Reich:

»Noch hat Gesetzeskraft der § 211 des Reichsstrafgesetzbuches, der bestimmt: Wer vorsätzlich einen Menschen tötet, wird, wenn er die Tötung mit Überlegung ausgeführt hat, wegen Mord mit dem Tode bestraft. Wohl um diejenigen, die jene armen Menschen, Angehörige unserer Familien, vorsätzlich töten, vor dieser gesetzlichen Bestrafung zu bewahren, werden die zur Tötung bestimmten Kranken aus der Heimat abtransportiert in eine entfernte Anstalt. Als Todesursache wird dann irgendeine Krankheit angegeben ...

Es handelt sich um unsere Mitmenschen, unsere Brüder und Schwestern, arme Menschen, kranke Menschen, unproduktive meinetwegen! Aber haben sie damit das Recht auf Leben verwirkt? Hast du, hab' ich nur so lange Recht zu leben, solange wir produktiv sind? ...

Wenn einmal zugegeben wird, daß Menschen das Recht haben, unproduktive Mitmenschen zu töten – und wenn es jetzt zunächst auch nur arme, wehrlose Geisteskranke trifft –, dann ist grundsätzlich der Mord an allen unproduktiven Menschen, also an den unheilbar Kranken, den Invaliden der Arbeit und des Krieges, dann ist der Mord an uns allen, wenn wir alt und altersschwach und damit unproduktiv werden, freigegeben. Dann braucht nur irgendein Geheimerlaß anzuordnen, daß das bei den Geisteskranken erprobte Verfahren auf andere »Unproduktive« auszudehnen ist, daß es auch bei den unheilbar Lungenkranken, bei den Altersschwachen, bei den Altersinvaliden, bei den schwerkriegsverletzten Soldaten anzuwenden ist. Dann ist keiner von uns seines Lebens mehr sicher.« (Dörner u.a. 1980).

Drei Wochen nach dieser Predigt, am 24. August 1941, wurde der Euthanasie-Erlaß widerrufen. Vergasungsanlagen und Verbrennnungsöfen wurden in den Osten transportiert, wo sie ihr Schreckenswerk in der bekannten Weise an Juden und anderen Konzentrationshäftlingen fortsetzten.

Mit dem Widerruf des Führererlasses hatte das Inferno für die psychisch Kranken kein Ende. 30 000 weitere »positiv« begutachtete Fälle harrten der Erledigung. In einer Reihe staatlicher Heil- und Pflegeanstalten entfaltete sich, mit Duldung der höchsten Stellen, eine wilde Euthanasie. Dort brachten, wie H. J. Wollasch im Caritas-Jahrbuch (1978) berichtete, fanatische Ärzte und Pfleger ihre Schützlinge durch Verhungernlassen, durch Verabreichung von Spritzen und Tabletten zu Tode. Professor Gerhard Schmidt, der 1945 zum kommissarischen Leiter einiger bayrischer Anstalten ernannt wurde, hat die Folgen solcher Barbarei in seinem Buch »Selektion in der Heilanstalt 1939 bis 1945« dokumentiert (1965). Er vermittelt, wie die Angst auch nach dem Krieg das Dasein der überlebenden Kranken bestimmt. Er zeigt, wie der Hunger, vorsätzlich zugefügt von Therapeuten und Betreuern, in den Kern der Krankheit vorgedrungen ist. Er bestimmte die Inhalte von Halluzinationen, Wahn und Verfolgungsangst.

Bei Kriegsende war die deutsche Psychiatrie zerstört. Viele psychiatrische Krankenhäuser waren nach Verlegung und Ermordung der Patienten aufgelöst worden. Die übrigen befanden sich in beklagenswertem Zustand. Der Psychiatrie selber haftete durch das Nachwirken der Nazi-Propaganda einerseits der Ruf an, sich mit Kranken zu beschäftigen, deren Leben nicht lebenswert sei; andererseits wurde den in der Psychiatrie Tätigen stillschweigend zur Last gelegt, die Euthanasieaktionen geduldet oder doch nicht verhindert zu haben. Wer konnte sich vertrauensvoll an eine Institution wenden, die gerade ein Drittel der ihrer Fürsorge Anvertrauten durch vorsätzliche Tötung verloren hatte? Der rasch einsetzende Verdrängungsprozeß machte die Situation nicht leichter. Die Psychiatrie zog sich vor dem Mißtrauen der Bevölkerung hinter die Anstaltsmauern zurück und beklagte ihrerseits die Vorurteile der

Gesellschaft. Fast eine Generation lang verharrte sie dort: Die Psychiater, die das hätten ändern können, gab es nicht. Viele waren vor dem Nationalsozialismus geflüchtet oder im Krieg gefallen. Einige waren mitschuldig geworden. Junge Ärzte hatten sich dem Fach kaum zugewandt.

Eine Wiedergutmachung an den Überlebenden ist bis heute ausgeblieben. Dazu mag beigetragen haben, daß auch die strafrechtliche Verfolgung der Euthanasie in den Ansätzen steckenblieb. Einer der Hauptverantwortlichen unter den Psychiatern, der ehemalige Würzburger Ordinarius Professor Heyde, beging vor der Eröffnung des Hauptverfahrens Selbstmord, nachdem er fünfzehn Jahre unerkannt unter falschem Namen an einem norddeutschen Gericht als Gutachter tätig gewesen war.

Dreißig Jahre nach Kriegsende beschrieb die Sachverständigenkommission über die Lage der Psychiatrie in der Bundesrepublik in ihrem vom Bundestag in Auftrag gegebenen Bericht die Lage der psychisch Kranken als »teilweise menschenunwürdig und unmenschlich«. Die meisten für die psychiatrische Krankenversorgung verantwortlichen Länderministerien bezeichneten noch 1979 in ihren Stellungnahmen zur Psychiatrie-Enquête die Beseitigung menschenunwürdiger Bedingungen in den psychiatrischen Krankenhäusern als vordringliche Aufgabe. Woran liegt es, daß sich die Minister trotz dieser deprimierenden Analyse so schwer tun, in den Parlamenten die dringlichsten Maßnahmen durchzusetzen: die deutliche Vermehrung von Planstellen für Ärzte, Psychologen, Sozialarbeiter, Beschäftigungstherapeuten, Pfleger und Schwestern? Woran liegt es eigentlich, daß die von der Enquête-Kommission geforderte grundlegendere Reform der psychiatrischen Krankenversorgung noch in den Anfängen steckt?

Es fehlt nicht an Stimmen, die sich dagegen wehren, an den Holocaust der Psychiatrie zu rühren. Diese Wendung zurück schade den heute Kranken mehr, als sie ihnen nütze. Sie schüre Angst und Hoffnungslosigkeit. Ebenso gibt es Stimmen – vor allem aus dem Kreise der Fachleute und der politisch Verantwortlichen –, die die Psychiatriekritiker mahnen, endlich die grelle Ausleuchtung der verbliebenen Reste der brutalen Realität der Lebensbedingungen einiger psychisch Kranker zu unterlassen. Sie würden damit den unleugbaren Fortschritten des letzten Jahrzehnts nicht gerecht. Sie würden Hilfebedürftige verängstigen und ihnen den Zugang zur psychiatrischen Behandlung erschweren.

Kann der Versuch, die eigene Geschichte zu begreifen, mehr schaden als nützen? Müssen die Betroffenen nicht mehr jene Vertreter von Psychiatrie und Gesellschaft fürchten, die die dunklen Flecken in der Vergangenheit ängstlich verdecken! Es ist richtig: In den vergangenen zehn Jahren ist mehr für die psychisch Kranken getan worden als in den fünfundzwanzig Jahren davor. Aber unverzichtbare Ziele sind nach wie vor nicht erreicht:

die rechtliche und soziale Gleichstellung der psychisch Kranken mit den körperlich Kranken;
die Integration der psychiatrischen Krankenversorgung in das allgemeine Gesundheitswesen;
die Aufhebung der Gettoisierung und Diskriminierung der psychisch Kranken und Behinderten.

Es ist viel getan worden – aber nicht in allen Teilen der Bundesrepublik gleich viel und vielerorten nicht genug. Ein kürzlich veröffentlichter Forschungsbericht des Bundesministers für Arbeit und Sozialordnung (1982) belegt die großen Unterschiede: Gut ausgestattete psychiatrische Krankenhäuser verfügen beispielsweise über 2,8 mal soviele Ärzte, 5,4 mal soviele Psychologen, 1,4 mal soviele Schwestern und Pfleger wie schlecht ausgestattete Kliniken; und letztere scheinen häufiger zu sein. Es gibt zu denken, daß große gerontopsychiatrische Krankenhausabteilungen noch immer nicht über Bewegungstherapie und Krankengymnastik verfügen, ohne daß Abhilfe in Aussicht steht. Es gibt ebenso zu denken, daß in den letzten Jahren viele tausend chronisch Kranke und Behinderte aus Kliniken in wenig kontrollierte Heime verlegt worden sind, wo sie neuem Elend ausgesetzt wurden (vgl. Kunze 1981). Viele von uns beobachten mit Sorge die Bestrebungen der Träger öffentlicher psychiatrischer Krankenhäuser, die psychiatrischen Kliniken in Behandlungs- und Pflegebereiche aufzuteilen. Wir befürchten eine Entwicklung zurück zur Heil- und Pflegeanstalt, die dem chronisch Kranken neues Unrecht zufügt.

In keinem anderen Zweig der medizinischen Versorgung in der Bundesrepublik bestehen so große Unterschiede in der Qualität von Behandlung und Pflege wie in der Psychiatrie. In keinem anderen Bereich der Krankenversorgung fehlt es so sehr an Maßstäben dafür, was notwendig und angemessen ist, wie in der Psychiatrie. Daß solche Maßstäbe fehlen, ist eine bis heute nicht überwundene Nachwirkung der Tötung von psychisch Kranken und Behinderten sowie der Zerstörung der Psychiatrie im Dritten Reich.

Die betroffene Anstalt

Die Landes-Heil- und Pflegeanstalt Wunstorf unterschied sich in den Jahren 1940 und 1941 kaum von anderen psychiatrischen Einrichtungen des Reiches. Sie war sechzig Jahre vorher gegründet worden. Damals – 1880 – lag der Beginn der neuzeitlichen Psychiatrie mit der legendären Befreiung der Geisteskranken in der Pariser Salpetrière im Namen von Freiheit, Gleichheit und Brüderlichkeit schon fast ein Jahrhundert zurück. Bereits seit 1820 waren die alten Zucht-, Toll- und Siechenhäuser in Deutschland allmählich durch spezielle Anstalten für psychisch Kranke abgelöst worden.

Die Entwicklung solcher Irrenasyle war notwendig geworden, weil die Familien und die traditionellen Fürsorgeeinrichtungen der Gemeinden in der beginnenden Industriegesellschaft ihre Geisteskranken nicht mehr selber versorgen konnten. Die Psychiatrie suchte noch nach einer Orientierung zwischen moralisch begründeter, sozialer Pädagogik und naturwissenschaftlicher Medizin. Wilhelm Griesingers Lehre setzte sich durch, daß Geisteskrankheiten Gehirnkrankheiten seien. Das war wenig verwunderlich; denn bis zu 50 Prozent der Anstaltsinsassen litten an progressiver Paralyse, von der gerade entdeckt wurde, daß sie eine Folgeerkrankung der Syphilis ist.

Wunstorf ist zunächst als Korrektions- und später als Korrektions- und Armenanstalt entstanden. Noch 1914 grenzt der damalige Direktor die Aufgaben des Hauses folgendermaßen ab: »Das Landarmenhaus ist dazu bestimmt, in erster Linie solche Personen (aufzunehmen), die infolge körperlicher oder geistiger Schwäche nicht imstande sind, sich selbst zu ernähren. Auch in großer Zahl solche Personen, die infolge Willensschwäche und sittlicher Entartung den in der Freiheit an sie herantretenden Versuchungen nicht zu widerstehen vermögen und für sich allein oder mit Angehörigen der öffentlichen Armenpflege anheimfallen: Müßiggänger, Landstreicher, Trunkenbolde, unverehelichte Mütter usw. Diese Personen sollen in der Anstalt festen Halt finden und zu ordnungsgemäßem Leben und zur Arbeitsamkeit erzogen werden.«

Rümpfen wir nicht die Nase über diese Zusammenstellung: Für die Lokalredaktion einer hannoverschen Zeitung besteht auch 1980

(26. Juni) ein klarer Zusammenhang zwischen unserer Fachabteilung für Suchtkranke in Bad Rehburg und den »Streunern« und »Trunkenbolden«, die in der Passarelle unter dem Hauptbahnhof aufgegriffen werden. Für manche Ordnungsbehörden ist das Landeskrankenhaus auch heute noch der rechte Ort für den auffällig gewordenen Landstreicher, den schwierigen Störer oder andere lästige Mitmenschen. Und Gerald Caplan, einer der wichtigsten Vertreter der amerikanischen präventiven Psychiatrie, forderte in den sechziger Jahren allen Ernstes, es sei Aufgabe der Psychiater, ledige Mütter zum Schutz der seelischen Gesundheit ihrer Kinder unter die Haube zu bringen.

Dieser Tendenz kommt eine Psychiatrie entgegen, die sich für immer mehr Probleme des zwischenmenschlichen Zusammenlebens zuständig und kompetent fühlt. Hier dokumentiert sich eine Gegenposition zum organmedizinischen psychiatrischen Krankheitsbegriff Griesingers. Für Eugen Bleuler sind 1919 Geisteskrankheiten nicht mehr nur Gehirnkrankheiten. Er hält vielmehr fest: »Der Begriff der Geisteskrankheit ist eben kein medizinischer, sondern ein sozialer. Geisteskrankheiten sind ursprünglich Abweichungen von der geistigen Norm, die ihren Träger sozial untüchtig machen oder ihm erhebliche Schwierigkeiten bereiten.«

Die Wissenschaft entwickelt sich in diesen Jahren in eine andere Richtung. Sie folgt Bleulers Ausweitung des psychiatrischen Krankheitsbegriffes zunächst nicht. Psychiatrische Forschung ist in diesen Jahren medizinisch-naturwissenschaftliche Forschung. Aber im Alltag der Anstalt gewinnt in den Jahren nach dem Ersten Weltkrieg der sozialpädagogisch-therapeutische Gedanke an Boden. Wir müssen bedenken, daß Erziehung und Gespräch bis in den Ersten Weltkrieg hinein die einzigen wirksamen Methoden der Behandlung psychisch Kranker sind. Die somatische Medizin hat therapeutisch nichts zu bieten. Drehstuhl und Dauerbad sind eher Foltermethoden als wirksame Behandlungsinstrumente. Erst die Einführung der Fieberkur bei der progressiven Paralyse im Jahre 1917 durch von Wagner-Jauregg bringt einen Wandel. Der Anteil der körperlich schwerkranken Paralytiker in den Anstalten geht zurück. Die Patienten mit Psychosen aus dem schizophrenen Formenkreis treten in den Vordergrund. Dadurch gewinnen Arbeit und Beschäftigung als therapeutische Prinzipien an Bedeutung. Hundert Kilometer von hier, in Gütersloh, formuliert Hermann Simon 1929 seine Grundsätze einer »aktiven Krankenbehandlung in der Irrenanstalt«.

Wunstorf entwickelte sich in den zwanziger Jahren immer mehr zu einer wirklichen Einrichtung für psychisch Kranke. 1927 lebten dort 600 Kranke. Diese wurden von zwei Ärzten, 80 Pflegern und 17 Pflegerinnen betreut. 1930 erhielt das vormalige Landarmenhaus der Provinz Hannover folgerichtig den Status einer Heil- und Pflegeanstalt. Es wurde nun auch offiziell ermächtigt, »in seinen Irrenabteilungen Geisteskranke beiderlei Geschlechts zur Heilung und zur Verpflegung aufzunehmen«. Allerdings blieb damals nicht viel Zeit für eine weitere positive Entwicklung. Mit Beginn des Dritten Reiches begann auch für die Psychiatrie das dunkelste Kapitel ihrer Geschichte, das mit der Tötung von mehr als 100 000 Geisteskranken und geistig Behinderten endete.

Wunstorf ist nicht verschont geblieben. Als die Anstalt am 1. September 1941 durch Verlegung der verbliebenen Kranken in andere niedersächsische Heil- und Pflegeanstalten aufgelöst wurde, waren 212 Wunstorfer Patienten und Patientinnen nach Idstein, Nassau und Eichberg verlegt worden – Einrichtungen, die als Durchgangsstation für die Vernichtungsanstalt Hadamar bekannt und berüchtigt sind. 95 Kranke sind mit Sicherheit in Hadamar ermordet worden. Sie starben in der Woche vom 31. Mai bis zum 6. Juni 1941. Fünf starben auf dem Transport. Das Schicksal der übrigen liegt im dunkeln. Dazu kommen 158 psychisch kranke Juden, die bereits 1940 aus dem gesamten norddeutschen Raum über Wunstorf nach Osten verlegt wurden.

Beide Verlegungsaktionen sind Gegenstand dieser Dokumentation. Die sogenannten »planwirtschaftlichen Verlegungen«, Kern der Mordaktionen an psychisch Kranken und geistig Behinderten, sind bereits vielfach beschrieben und gut dokumentiert (zuletzt Klee 1983). Ich habe mir hier zum Ziel gesetzt, die Betroffenheit einer einzelnen Anstalt darzustellen, wie sie sich aus den vorhandenen dienstlichen Vorgängen ablesen läßt. Ich habe den Versuch unternommen, ein wenig von dem, was damals geschehen ist, anhand der Akten abzubilden. Über die andere Maßnahme, ich habe sie hier die *Judenaktion* genannt, ist dagegen wenig bekannt. In den letzten Septembertagen des Jahres 1940 wurde die damalige Heil- und Pflegeanstalt Wunstorf ohne eigenes Zutun Sammelstelle für 158 jüdische Geisteskranke aus 24 Anstalten, Krankenhäusern und Heimen im norddeutschen Raum. Die Kranken wurden in Wunstorf zusammengeführt, um an einen unbekannten Bestimmungsort im Generalgouvernement Posen verlegt zu werden. Die Aktion verlief unter großer Geheimhaltung. Sie wurde von der Gemeinnützigen Krankentransport-Gesellschaft durchgeführt, einer Tarnorganisation der SS. Weder die Angehörigen noch die an der Verlegung beteiligten Mitarbeiter des Krankenhauses oder der Aufsichtsbehörde erfuhren etwas über den Verbleib der Patienten oder über den Zweck der Maßnahme, die folgendermaßen angekündigt worden war: »Der noch immer bestehende Zustand, daß Juden mit Deutschen in Heil- und Pflegeanstalten gemeinsam untergebracht sind, kann nicht weiter hingenommen werden.«

Ich habe der Verlegung der jüdischen Patienten besondere Aufmerksamkeit gewidmet, obwohl das Krankenhaus nur am Rande davon betroffen war. Diese Maßnahme hat möglicherweise in doppelter Hinsicht eine Schlüsselbedeutung. Sie kann in zweifacher Hinsicht als »Generalprobe« gewertet werden: für die späteren sogenannten »planwirtschaftlichen Verlegungen« der psychisch Kranken in die Vernichtungsanstalten; zugleich aber für die »Aussiedlung« jüdischer Mitbürger in die Konzentrations- und Vernichtungslager im Osten. Manche Anweisungen, die im Rahmen der Judenaktion noch improvisiert erscheinen, tauchen im Rahmen der »planwirtschaftlichen Verlegungen« formalisiert und perfektioniert wieder auf. Der Verantwortliche der Gemeinnützigen Krankentransport-Gesellschaft empfiehlt bei der Verlegung der jüdischen Patienten noch brieflich: »Die Kranken sind zu markieren, und ich darf vorschlagen, daß sich dazu am besten ein Leukoplast-Streifen mit aufgeschriebenem Namen eignet, der auf den Rücken zwischen die Schulterblätter geklebt wird.« Später wird eine hektographierte Verfügung zur Durchführung der »planwirtschaftlichen Verlegung« übersandt, in der es unter Punkt 7 heißt: »Markierung der Kranken: Die Geisteskranken sind mit einem Leukoplast-Streifen zu versehen, auf dem der Name des betreffenden Kranken geschrieben steht, und der auf dem Rücken zwischen den Schulterblättern befestigt ist.«

Die Judenaktion

Prolog: Eine Frage der Krankenhaushygiene

Aus einem Schreiben des Oberpräsidenten der Provinz Hannover vom 16. November 1938 an den Leiter der Landes-Heil- und Pflegeanstalt in Wunstorf:

»Betrifft: Unterbringung jüdischer Geisteskranker
Der Herr Reichsminister des Inneren hat am 22. Juni 1938 – IV e. 2361/38/3916 – einen Erlaß über Mißstände in Krankenanstalten an die Regierungspräsidenten gerichtet. Unter Ziffer II dieses Erlasses wird ausgeführt:
,,Besondere Aufmerksamkeit ist wegen der Gefahr einer Rassenschändung der Unterbringung der Juden in den Krankenanstalten zu widmen. Sie müssen von Kranken deutschen oder artverwandten Blutes räumlich getrennt untergebracht werden. Soweit Juden, die nicht bettlägerig krank sind, in Kranken- usw. Anstalten verbleiben müssen, muß ihre Unterbringung und die Regelung ihrer Bewegung im Hause und im Anstaltsgelände die Gefahr einer Rassenschändung mit Sicherheit ausschließen. Dies gilt erfahrungsgemäß vornehmlich in Heil- und Pflegeanstalten und ganz besonders in Tuberkulose-Krankenhäusern und -abteilungen, sowie in Tuberkulose-Heilstätten. Ich ersuche daher, die Leiter derartiger Anstalten unabhängig von Besichtigungen der Anstalten alsbald in geeigneter Form auf ihre Pflicht hinzuweisen, dieser Gefahr unter allen Umständen vorzubeugen."
Dieser Erlaß ist mir – wohl durch ein Versehen – dienstlich seinerzeit nicht zugegangen, sondern ich habe erst jetzt von ihm Kenntnis erhalten. Gleichwohl ist der Erlaß auch in meinen Anstalten durchzuführen, zumal man heute, auch wenn bisher Schwierigkeiten in dem Zusammenleben zwischen jüdischen und arischen Kranken nicht entstanden sind, den arischen Kranken und deren Angehörigen nicht mehr zumuten kann, daß sie mit Juden zusammenleben.
Zur Vorbereitung der zu treffenden Maßnahmen ersuche ich um *sofortige Aufstellung aller Personen, die im Sinne des § 5 der 1. Verordnung zur Durchführung des Reichsbürgergesetzes vom 14.11.1935 Juden sind oder als solche gelten.*«

Die Ziffer I des zitierten Erlasses befaßt sich mit Fragen der Krankenhaushygiene:

»Für jeden Kranken muß besonderes Geschirr und Besteck vorhanden sein.
- Zur Waschgelegenheit für die Kranken gehören neben Waschbecken, Eimer, Seife auch Handtücher, Badetücher und Zahngläser ...
- Die Krankenhaushygiene erfordert einen verhältnismäßig häufigen Wechsel von Bett- und Leibwäsche.«

Der Oberpräsident fordert den Direktor der Landes-Heil- und Pflegeanstalt auf, für jeden Juden ein Formblatt zu fertigen, in dem neben persönlichen und Krankheitsdaten Aufschluß über die Art der Unterbringung zu erteilen ist:

»Mit wieviel arischen Kranken schläft er oder kommt er im Tagesraum oder bei der Arbeit zusammen?

- Sind die Berührungen mit arischen Kranken nur gelegentlich oder häufiger?
- Ist nach der derzeitigen Unterbringung die Gefahr einer Rassenschändung mit Sicherheit auszuschließen?
- Sind Schwierigkeiten im Zusammenleben der jüdischen Kranken mit anderen arischen Kranken entstanden? ...

In dem Anschreiben ersuche ich um Äußerung, wie der Erlaß für die dortige Anstalt durchgeführt werden kann, insbesondere wie die Juden zusammen abgetrennt von den anderen Kranken untergebracht werden können. Soweit Veränderungen in diesem Sinne ohne Schwierigkeiten möglich sind, sind sie sofort auszuführen.«

Die Landes-Heil- und Pflegeanstalt am 2. Dezember 1938 an die Provinzialverwaltung:

»In der hiesigen Anstalt befinden sich z.Z. 6 jüdische Kranke, darunter 5 Männer (Geisteskrankenabteilung 4, Allgem. Abteilung I) und 1 Frau. Über jeden Kranken ist ein ausgefüllter Fragebogen beigefügt. Die völlige Abtrennung der jüdischen von den arischen Kranken wird sich bei den hiesigen Verhältnissen nicht erreichen lassen. Die Gefahr einer Rassenschändung halte ich bei der derzeitigen Unterbringung für ausgeschlossen.«

Die Ankündigung

Grundlage der Aktion ist ein Schnellbrief des Reichsministers des Innern vom 30. August 1940 mit folgendem, hier auszugsweise wiedergegebenen Wortlaut:

»Betrifft: Verlegung geisteskranker Juden
Der noch immer bestehende Zustand, daß Juden mit Deutschen in Heil- und Pflegeanstalten gemeinsam untergebracht sind, kann nicht weiter hingenommen werden, da er zu Beschwerden des Pflegepersonals und von Angehörigen der Kranken Anlaß gegeben hat. Ich beabsichtige daher, die in den nachbezeichneten Anstalten untergebrachten Juden am 26. und 27. September 1940 in eine Sammelstelle zu verlegen. Für diese Verlegung kommen nur Volljuden deutscher oder polnischer Staatsangehörigkeit sowie staatenlose Volljuden in Frage. Juden mit anderer Staatsangehörigkeit

Wunstorf, den 21.November 1938.

Betrifft: Unterbringung jüdischer Geisteskranker.

Zur Verfügung vom 16.11.1938 -Gesch.Z.4o.o1.18

N a c h w e i s u n g

derjenigen hier untergebrachten Kranken, die im Sinne des § 5 der I.Verordnung zur Durchführung des Reichsbürgergesetzes vom 14.11.1935 Juden sind oder als solche gelten.

Vor- und Zuname:	Adolf [redacted] Kaufmann
Alter:	38 Jahre
Dauer der letztmaligen und früheren Aufenthalte in Heil- und Pflegeanstalten:	seit 27.6.38 in d.hies.Anstalt.
Krankheit,Prognose u.wahrscheinlich weiterer Verlauf der Krankheit,insbesondere auch Mass der Anstaltspflegebedürftigkeit:	Geisteskrankheit.Diagnose:Schizophrenie. Prognose ungünstig.In absehbarer Zeit kaum Änderung des Krankheitsbildes.Voraussichtlich dauernd anstaltsbedürftig.
In welcher Abteilung ist der Kranke untergebracht? (Übliche Bezeichnung der betreffenden Abteilung der Anstalt nebst Zusatz über Charakter der Abtlg.-Aufnahmeabteilung, Wachabteilung usw.).	Geisteskranken-Abtlg. Ruhiger Saal.
Ist der Kranke allein untergebracht?	nein
Mit wieviel arischen Kranken schläft er. oder kommt er.im Tagesraum oder bei der Arbeit zusammen?	Mit 25 arischen Kranken schläft er zusammen u. lebt auch mit ihnen auf der Station.Bei der Arbeit ist er mit 12-15 Kranken im Trupp.
Sind die Berührungen mit arischen Kranken nur gelegentlich oder häufiger!	häufig
Ist nach der derzeitigen Unterbringung die Gefahr einer Rassenschändung mit Sicherheit auszuschliessen?	ja
Sind Schwierigkeiten im Zusammenleben der jüdischen Kranken mit anderen arischen Kranken entstanden?	nein
Wer trägt die Kosten für den Aufenthalt des jüdischen Kranken? (ortshilfsbed., landhilfsbed.,Selbstzahler?usw.)	ortshilfsbedürftig. (L.F.V. und Stadt Hannover.)

(auch Protektoratsangehörige) sind ebenso wie Mischlinge ersten und zweiten Grades in diese Aktion nicht einzubeziehen. Der Abtransport erfolgt an einem der genannten Tage aus der Heil- und Pflegeanstalt Wunstorf.«

Im letzten Abschnitt kommt der Schnellbrief zur Sache:

»Nach den mir zugegangenen Berichten sollen sich in folg. Anstalt(en) nachstehend aufgeführte Juden befinden. Falls in der Zwischenzeit Änderungen eingetreten und weitere Zugänge erfolgt sind, sind die z.Z. in der (den) Anstalt(en) befindlichen Juden (vgl. Abs. 1) zu überstellen.«

Der Oberpräsident wird im Auftrag des Reichsministers des Innern tätig. In einem Zusatz für den Landrat in Neustadt a. Rübenberge wird er dann konkret:

»Landschaftliche Lehr- und Heimstätte Albertushof: 2 Juden
Ich ersuche, die vorgenannte Anstalt mit Weisung im Sinne dieses Erlasses baldgefälligst zu versehen.
Außerdem bitte ich sicherzustellen, daß der Landes-Heil- und Pflegeanstalt Wunstorf an den genannten Tagen Transportmittel (Autobusse) für den Transport von ungefähr 180 Juden zur nächsten Bahnstation bereitgestellt werden.
Im Auftrage:
gez. Dr. Cropp.«

Der Brief enthält zwei weitere Zusätze:

»Abschrift übersende ich mit dem Ersuchen, für die rechtzeitige Bereitstellung der Transportmittel am 26. und 27. September d. J. Sorge zu tragen. Der Tag des Transportes wird von der Landes-Heil- und Pflegeanstalt in Wunstorf zu erfahren sein.
Im Auftrag:
gez. Dr. Lichthorn.

Der Landrat Neustadt / Rbge. den 7. September 1940

G.R. an den Herrn Bürgermeister
Wunstorf

mit dem Ersuchen, sich mit der Heil- und Pflegeanstalt in Verbindung zu setzen und dann die Transportwagen – vielleicht die Autobusse der Steinhuder-Meerbahn – sicherzustellen.

gez. Unterschrift.«

Was hier abläuft, ist allem Anschein nach ein ganz normaler Verwaltungsvorgang – in bürokratischer Sprache formuliert, aber nicht sonderlich aufregend, eher Routine: Ein Zustand hat zu Klagen Anlaß gegeben. Dem muß abgeholfen werden. Einhundertachtzig Juden (Geisteskranke) sollen verlegt werden – wohin: In die Heil- und Pflegeanstalt Wunstorf. Man mag das mißbilligen, wenn man dem Regime und seiner Rassenpolitik zurückhaltend gegenübersteht. Aber ist das ein Grund zur Beunruhigung? Beunruhigend mag das kleine „g" im Geschäftszeichen des Reichsmini-

Abschrift.

Der Reichsminister des Innern.
IV g.6662 II/40
5106.

Berlin, den 10.September 1940.
NW 40, Königsplatz 6.

Schnellbrief.

An
den Herrn Oberpräsidenten
z.Hd. Herrn Landesrat Andreae

in Hannover 1 M,
Am Schiffgraben 1.

Betr.: Sammeltransporte aus der Landes-Heil- und Pflegeanstalt Wunstorf.

Im Anschluss an die fernmündliche Besprechung vom 9. 9. 40.

~~Zum Zwecke des gemeinschaftlichen~~ Abtransportes werden in die Landes-Heil- und Pflegeanstalt Wunstorf aus den folgenden Anstalten die gleichzeitig angegebenen Juden verlegt werden:

	Juden.	Jüdinnen.
Provinzialheilanstalt in Dortmund Aplerbeck	3	9
Provinzialheilanstalt in Warstein	9	12
Provinzialheilanstalt in Münster	1	
Provinzialheilanstalt in Gütersloh	12	5
Landes-Heil- u.Pflegeanstalt in Göttingen	10	2
Landes-Heil- und Pflegeanstalt in Hildesheim		8
Landes-Heil- und Pflegeanstalt in Lüneburg	2	
Landes-Heil-und Pflegeanstalt für Geistesschwache in Langenhagen	4	2
Landes-Heil-u.Pflegeanstalt in Osnabrück	4	4
Wittekindshof b.Bad Oeynhausen	4	2
Krankenanstalten b.Bethel b.Bielefeld	7	9
St. Vinzenzhaus Gescher	1	
Alexianer Heilanstalt Haus Kannen-Amelsbüren	1	
St.Rochus-Hospital Telgte	3	
Frauenheim Himmelsthür		4
Privatheil-u.Pflegeanstalt Liebenburg		12
Landwirtsch. Lehr- u.Heimstätten Albertushof	2	
Dr.Ferdinand Wahrendorff'sche Privat-Heil-u. Pflegeanstalten in Ilten b.Hannover	16	5
Landes-Heil-u.Pflegeanstalt in Königslutter	1	2
Neu Erkeröder Anstalten in Neu-Erkerode,Post Sieckte	1	3
Privatklinik von Dr.med.Benning f.Nerven-u.Gemütskranke,Oberneuland b.Bremen		1
Nervenklinik der Städt.Krankenanstalt in Bremen		5
	81	85

	Juden.	Jüdinnen
Landes-Heil-u.Pflegeanstalten des Landes Oldenburg	4	12
Lippische Heil-u.Pflegeanstalt Lindenhaus Brake/Lippe	4	2
Rotenburger Anstalten der Inneren Mission (Rotenburg /Hann.	2	1
	91	89

Im Auftrag
gez.Linden.

sters sein: Der Vorgang ist geheim. Aber in Kriegszeiten ist auch das nichts Ungewöhnliches.

Zwölf Tage nach Anordnung der Verlegungen übersendet der Reichsminister dem Oberpräsidenten der Provinz Hannover in einem weiteren Schnellbrief eine vollständige Liste der betroffenen Kranken. Das Originaldokument weist Spuren intensiver Verwaltungsarbeit auf. Die Einrichtungen in der Liste sind abgehakt. Die Zahlen sind handschriftlich korrigiert oder als überprüft und richtigbefunden abgehakt. Sie sind handschriftlich aufaddiert. Der Sachbearbeiter kommt auf einundneunzig Männer und neunundachtzig Frauen. Diese Juden sollen also nach Wunstorf verlegt werden. Aber was geschieht dann? Im zweiten Schnellbrief geht es um »Sammeltransporte *aus* der Landes-Heil- und Pflegeanstalt Wunstorf.«

Wohin geht es von Wunstorf aus? In den sonst so gründlichen Akten findet sich kein Hinweis darauf. Niemand scheint es zu wissen. Niemand scheint danach zu fragen: Es geht ins Ungewisse; wir wissen heute – in den Tod.

Konkrete Vorbereitungen

Die Beherbergung von einhundertachtzig zusätzlichen Kranken wirft Probleme auf, auch wenn sie nur vorübergehend erfolgen soll. Sie bedarf der sorgsamen Vorbereitung; es verbleibt nur wenig Zeit. Eine Besprechung jagt die andere. Eilige Anfragen des Oberpräsidenten an den Reichsminister des Innern werden durch Einschaltung der Polizeileitfunkstelle Hannover beantwortet. Ein interner Vermerk offenbart, welche Probleme vor allem der Lösung bedürfen:

1. Betreuung:

»Hinsichtlich der pflegerischen Betreuung der jüdischen Kranken wurde klargelegt, daß das erforderliche Pflegepersonal anstaltsseitig von hieraus nicht gestellt werden könne. Die vorgesetzte Behörde wird sich daher umgehend mit den Anstalten, die die größte Zahl von Juden abgeben, in Verbindung setzen, damit diese das Begleitpersonal für die fraglichen Tage zur Verfügung stellen.«

2. Krankenunterlagen, Gepäck, Versorgung:

»Die hiesige Anstalt setzt sich sofort mit den einzelnen Anstalten in Verbindung und fordert Personalfragebogen und kurze ärztliche Befundberichte an. Die Krankengeschichten sollen bei den betreffenden Anstalten einstweilen verbleiben, bis über diese Frage weitere Anordnung getroffen wird. Da es sich um insgesamt einhundertachtzig Kranke handelt, kann das Gepäck hier nicht bewältigt werden. Es soll daher für jeden Kranken nur die notwendigste Ausstattung (1 Garnitur, bei schmutzigen Kranken 2 Garnituren Wäsche) mitgegeben werden.
Für den Tag der Überführung nach hier sollen die Anstalten Zehrung mitgeben.«

3. Organisation des Abtransportes:

»Es erscheint zweckmäßig, die Verhandlungen mit der Steinhuder-Meer-Bahn bzw. der Reichsbahn anstaltsseitig zu führen. Es soll angestrebt werden, daß der Abtransport möglichst auf den Gleisanlagen der StMB hinter dem Krankenhause (M 111) vor sich geht.«

4. Kosten

»Als Pflegekosten sollen, soweit nicht anderweitig verfügt wird, täglich 2,64 RM berechnet werden. Von welcher Stelle diese Kosten einzuziehen sind, wird noch angeordnet. Sämtliche Nebenkosten sind genau zu vermerken und ebenfalls anzufordern.
Für das Pflegepersonal, das anstaltsseitig beköstigt werden muß, sollen die einfachen Sätze, wie sie für das hauseingesessene Personal gelten, berechnet werden.«

Der Oberpräsident ersucht den Reichsminister des Innern um Billigung dieses Vorgehens. Er verwendet dabei besondere Sorgfalt auf die Erläuterung der Kostenproblematik:

»Wer trägt die Kosten der einzelnen Maßnahmen?
Als solche entstehen: z.B. Reisekosten für die Transporte der Juden und ihrer Begleitmannschaften von den einzelnen Anstalten nach Wunstorf. Ferner entstehen Kosten für einzelne Pfleger aus den Anstalten, da ich mich bei dem großen Mangel an Pflegern in Wunstorf gezwungen gesehen habe, die Anstalten, die eine größere Zahl von Juden zu entsenden haben, aufzufordern, vorübergehend die die Kranken begleitenden Pfleger bis zum Abtransport von Wunstorf in Wunstorf zu belassen. Diese Pfleger dürften Anspruch auf Tagegelder nach den Reisekostenbestimmungen haben.
Weitere Kosten sind: die Pflegekosten – in Wunstorf 2,64 RM –, etwaige außergewöhnliche Medikamente, die nach dem Reglement neben dem Pflegesatz zu bezahlen sind, Kosten für Autobusgestellung für den Antransport der Pfleglinge (für den Abtransport werden Autobusse vermutlich nicht nötig sein).
In der letzten Zeit sind gemäß § 12 der 10. Verordnung zum Reichsbürgergesetz vom 4.7.1939 – R. Ges. Bl. 1, S. 1097 – sämtliche Pflegekosten in den Anstalten für jüdische Insassen von der Reichsvereinigung der Juden Deutschlands, und zwar für die Juden aus der Stadt Hannover von der Syn-

agogengemeinde in Hannover, für die übrigen von der Provinzialdienststelle der Reichsvereinigung in Hannover gezahlt worden. Ich nehme an, daß diese sämtlichen Kosten ebenfalls von der Reichsvereinigung getragen werden sollen und bitte für diesen Fall um Anweisung, welche Stelle der Reichsvereinigung dabei in Frage kommt. Am zweckmäßigsten würde es wohl sein, die gesamten Kosten (einschl. der durch den Abtransport nach Wunstorf entstehenden) der Reichsvereinigung in Berlin unmittelbar in Rechnung zu stellen.
Wenn die Reichsvereinigung diese Kosten tragen soll, bedarf Abs. 2, Satz 4 Ihres Erlasses, wonach Unterschiede zwischen dem bisherigen Verpflegungssatz und dem Wunstorfer Pflegesatz von der Gemeinnützigen Krankentransport-GmbH übernommen werden sollen, näherer Erläuterung.
Wenn z.B. der Pflegesatz, in westfälischen Anstalten 2,30 RM, in Wunstorf 2,64 RM beträgt, soll dann der Reichsvereinigung der Juden Deutschlands nur der Satz von 2,30 RM in Rechnung gestellt werden, während 0,34 RM von der Krankentransport-GmbH in Berlin übernommen werden?«

Abschließend erfolgt ein Hinweis auf die Art der Unterbringung:

»Ich bemerke noch, daß die Unterbringung der Kranken in Wunstorf in einfachster Form (Strohschütte ohne Strohsäcke) in dem kürzlich vom Militär geräumten, bisher als Reservelazarett benutzten Teil der Anstalt sichergestellt ist.«

Die Antwort des Reichsministers vom 21. September 1940 über die Polizeileitfunkstelle Hannover ist kurz und präzise:

»1. Krankengeschichten usw. sind Transport mitzugeben.
2. Reisekosten (einschl. Autobus für Abtransport) für Begleitpersonal und Juden trägt bisheriger Kostenträger der Unterbringung.
3. Etwaige Tagegelder des in Wunstorf zurückbehaltenen Pflegepersonals und Kosten für außergewöhnliche Medikamente übernimmt Krankentransport-GmbH.
4. Kosten sind bei den bisherigen Kostenträgern (Synagogengemeinde usw.) anzufordern. Krankentransport-GmbH übernimmt im Beispielsfalle 0,34 RM. Die 2,30 RM trägt bisheriger Kostenträger.
5. Antransporte müssen so gelegt werden, daß Abzutransportierende am 25.9.1940 spätestens in Wunstorf eingetroffen sind.

Reichsinnenministerium
Im Auftrag Dr. Linden
Roem. 4 G 6763 / 40 5106«.

Der Abtransport der Kranken aus Wunstorf soll durch die Gemeinnützige Krankentransport-GmbH erfolgen, eine Tarnorganisation der SS. Ihr Beauftragter, ein Herr Krauss, meldet sich mit Schreiben vom 13. September 1940 beim Direktor des Krankenhauses. Er kündigt seine Ankunft für den 26. September 1940 an und bittet um Vermittlung der Möglichkeit einer geeigneten Übernachtung. Das Transportbegleitpersonal werde erst am Morgen des 27. September 1940, um 8.13 Uhr, in Wunstorf eintreffen, »und ich wäre Ihnen dankbar, wenn einer der zur Verfügung gestellten Omnibusse das Pflegepersonal von der Bahn abholen und zur Anstalt bringen würde ...

Mit verbindlichstem Dank im voraus zeichne ich

Heil Hitler!
Gemeinnützige Krankentransport-GmbH
gez. Unterschrift.«

Herr Krauss disponiert aber noch kurzfristig um. Am 21. September 1940 schreibt er erneut:

Sehr geehrter Herr Direktor,

ich danke Ihnen für Ihre Zuschrift vom 18. Sept. 1940 und möchte an Sie die Bitte richten, doch durch einen Beauftragten im Bahnhofshotel oder im Hotel Viktoria für das Pflegepersonal zur Übernachtung vom 26. auf 27.9.40 zehn Betten zu bestellen. Das Pflegepersonal ist zum Teil männlich, zum Teil weiblich. Es können ruhig einfachere Zimmer mit Doppelbetten sein, in einer nicht zu hohen Preislage.
Für mich bitte ich, im Hotel Viktoria ein gutes Einzelzimmer für die gleiche Nacht zu bestellen. Für Ihre Mühewaltung darf ich im voraus meinen verbindlichsten Dank sagen. Ich werde am 26. September 1940 um 18.09 Uhr in Wunstorf eintreffen und Sie dann in Ihrer Anstalt aufsuchen.

Mit den besten Empfehlungen zeichne ich
Heil Hitler!
Gemeinnützige Krankentransport-GmbH
gez. Unterschrift.«

Herr Krauss ist ein höflicher Mensch. Er erhält sein gutes Einzelzimmer im Bahnhofshotel für 3,88 RM mit Frühstück. Am gleichen Tag richtet er ein offizielles Schreiben an die Landes-Heil-und Pflegeanstalt Wunstorf, eingeschrieben, ganz ohne Dank und ohne beste Empfehlungen:

»Auf Anordnung des Reichsministers des Innern vom 30. August 1940, Geschäftszeichen: IV g 6662 / 40, sind bis zum 21. September 1940 in der Landes-Heil- und Pflegeanstalt Wunstorf die geisteskranken Juden der Provinz Hannover zu überstellen.
Ich habe den Auftrag erhalten, diese Kranken mit einem Sammeltransport am 27.9.40 zu verladen.
Gemäß Vereinbarung mit der Reichsbahndirektion wird der Abtransport am 27.9. mit dem Zug Wunstorf ab 21.41 Uhr erfolgen. Das Pflegepersonal trifft am 27.9. um 8.13 Uhr in Wunstorf ein und darf ich Sie bitten, ge-

mäß meinem Schreiben vom 13.9. einen Omnibus zum Bahnhof zu dirigieren, der das Pflegepersonal zur Anstalt bringt. Um 8.30 Uhr möchte ich mit der Übernahme beginnen.
Ich bitte Sie, zu dem genannten Termin die Personalakten und Krankengeschichten der zu verlegenden Kranken sowie deren Wertsachen, Geldbeträge und Gepäck gleichfalls bereitzuhalten.
Ich bitte Sie, eine namentliche Liste in 3facher Ausfertigung anfertigen zu lassen, die äußerst gewissenhaft hergestellt werden muß. Diese Liste bitte ich mir, dann bei der Übernahme zu geben.
Die Kranken sind zu markieren, und darf ich vorschlagen, daß sich dazu am besten ein Leukoplast-Streifen mit aufgeschriebenem Namen, der auf den Rücken zwischen die Schulterblätter geklebt wird, eignet.
Heil Hitler!
Gemeinnützige Krankentransport-GmbH
gez. Unterschrift.«

Ich wiederhole den letzten Satz: »Die Kranken sind zu markieren, und darf ich vorschlagen, daß sich dazu am besten ein Leukoplast-Streifen mit aufgeschriebenem Namen, der auf den Rücken, zwischen die Schulterblätter geklebt wird, eignet.«

Die Durchführung

Die Verlegung erfolgt planmäßig am Morgen des 27. September 1940. Mit einer Garnitur Wäsche versehen, mit Broten und Kaffee in Marmeladeneimern zur Verpflegung – das Krankenhaus kann keine Kannen zur Verfügung stellen – werden sie in Eisenbahn-Waggons verladen und den Mitarbeitern der Gemeinnützigen Krankentransport-GmbH übergeben. Während der Übergabeprozedur kommt es zu Reibereien zwischen den Mitarbeitern des Krankenhauses und dem Transportleiter, deren Hintergrund nicht so recht einzuordnen ist. Die Einzelheiten der Übergabe sind in einem Vermerk vom 27. September 1940 festgehalten:

»Übergabe der jüdischen Geisteskranken an den Beauftragten der Krankentransport-GmbH.

Nach Darlegungen von Oberschwester Martha Augenthal waren auf der Frauen-Abteilung des Krankenhauses einschließlich der Oberin 7 Pflegerinnen für die Übergabe der Kranken eingesetzt. Nach Angaben des Pflegers Vahrenwald von Göttingen waren auf der Männer-Abteilung insgesamt 6 Pfleger – darunter Oberpfleger Börge – eingesetzt.

Trotzdem soll der Transportleiter Herr Krauss sehr ungehalten gewesen sein und sich über Personalmangel beklagt haben. Obgleich an der am 26. abends stattfindenden Besprechung nichts Derartiges vereinbart war, wollte der Transportleiter am 27. morgens die Kranken nicht so übernehmen, sondern er wollte jeden einzelnen Kranken mit Namen vorgestellt und auf seiner Liste abgezeichnet wissen. Es waren im ganzen 158 Kranke von 25 Anstalten. Es war natürlich unmöglich, daß das Pflegepersonal in der kurzen Zeit alle Kranken mit Namen kennenlernte.

Wenn Herr Krauss ein derartiges Verfahren vorgehabt hätte, hätte er am Abend bei der Besprechung davon Mitteilung machen müssen, dann wären ihm nämlich die Kranken noch am gleichen Abend einzeln mit Namen vorgestellt worden, und er hätte sie sofort abzeichnen können auf der Liste und am Morgen nicht dieses umständliche Verfahren anzuwenden brauchen.

Der Pfleger Vahrenwald, Göttingen, sowie auch die anderen Pfleger bekundeten, daß sich das Pflegepersonal der Krankentransport-Gesellschaft um nichts gekümmert habe. Bei der Übergabe im Krankenhaus hätte sich außer Herrn Krauss und einem anderen Herrn überhaupt keiner der Pfleger zur Mithilfe sehen lassen. Das Wunstorfer sowie das abkommandierte Pflegepersonal aus den Herkunftsanstalten mußte oben im Krankenhaus alles allein machen. Wie sie an der Verladerampe ankamen, standen die angeblichen Pfleger und Pflegerinnen der Krankentransport-Gesellschaft mit verschränkten Armen da und ließen die Wunstorfer alles allein machen. Sie ließen sogar die Kranken an den offenen Abteilfenstern der Wagen stehen, so daß jederzeit die Möglichkeit der Flucht gegeben war. Der Pfleger Vahrenwald, Göttingen, äußerte wörtlich: „So einen Transportführer habe ich noch nicht erlebt, jedenfalls hat der Herr uns kolossale Schwierigkeiten gemacht."

Nach Angaben der im Krankenhaus eingesetzten Pfleger und Pflegerinnen war um 5½ Uhr morgens alles fix und fertig, sogar Kaffee getrunken, und die Krankenübergabe bereit. Um 7 Uhr waren alle jüdischen Geisteskranken im Zug verladen. Es war also bis zur Abfahrt des Zuges noch 1¼ Stunde Zeit. Trotzdem soll sich Herr Krauss in erregtem Tone über den Zeitmangel beklagt haben. Er soll auch zum Schluß geäußert haben, er wolle sich sowohl über die Anstalt, als auch über die Bahn beschweren.

Das eigenartige und etwas aufgeregte Verhalten des Transportleiters wird u.a. durch folgenden kleinen Vorfall gekennzeichnet:
Als der Pfleger Gustav Pietzgen aus Ilten bei der Übergabe der Kranken aus der Korridortür der Männer-Abteilung hinausgehen wollte, fuhr ihn der Transportleiter an mit den Worten: „Nun langsam, Sie kommen noch lange nicht dran." Er hatte den Pfleger für einen jüdischen Geisteskranken gehalten. Der Pfleger stellte sich daraufhin vor und machte die Bemerkung, daß außerdem ein Jude kein Parteiabzeichen trüge. Herr Krauss hielt es nicht einmal für nötig, sich deswegen bei Herrn Pietzgen zu entschuldigen.«

Die Rettung der Johanna Sara Cohn

Es hat nicht an Versuchen gefehlt, einzelne Kranke zu retten. Die Bezirksstelle Hannover der Reichsvereinigung der Juden in Deutschland wendet sich am 21. September 1940 per Eilboten an die Heil- und Pflegeanstalt:

»Wir bitten höflich, uns diejenigen jüdischen Insassen Ihrer Anstalt bzw. aus anderen Anstalten zugewiesenen Geisteskranken namhaft machen zu wollen, gegen deren Entlassung keine ärztlichen Bedenken mehr bestehen. Soweit die Betreffenden Angehörige besitzen, würden wir diese nach Möglichkeit veranlassen, die Entlassenen sofort aufzunehmen.
Wegen der Dringlichkeit der Angelegenheit erlauben wir uns, um umgehende Benachrichtigung, evt. telephonisch (R-Gespräch auf unsere Kosten), zu bitten. Wir bemerken, daß wir auch morgen, Sonntag, den 22.9., vormittags, zu erreichen sind.«

Für die Reichsvereinigung der Juden in Deutschland zeichnet »Ilse Sara Maged, Kennkarte: Hannover AO 2390«.

Zur Erinnerung: Juden in Deutschland mußten damals nicht nur einen Stern tragen. Die Frauen mußten »Sara«, die Männer »Israel« als zweiten Vornamen führen. Beim Schriftwechsel mit Behörden hatten sie ihre Judenkennkartennummer anzugeben.

Die Anstaltsleitung antwortet telefonisch, von den dorthin überführten Juden sei keiner entlassungsfähig. »Außerdem halte sich die hiesige Anstalt nicht für befugt, Entlassungen vorzunehmen. Zuständig in dieser Angelegenheit sei der RMdI.« (Vermerk vom 23.9.1940). Die Reichsvereinigung läßt sich jedoch nicht entmutigen. Sie unternimmt einen weiteren Vorstoß beim Regierungspräsidenten, der sich mit Datum vom 25. September 1940 an den Direktor der Landes-Heil- und Pflegeanstalt Wunstorf wendet. Das Schreiben trägt den Eingangsstempel vom 26. September, dem Tag vor dem Abtransport:

»Nach den von der Reichsvereinigung der Juden, Bezirksstelle Hannover, heute hier vorgelegten Bescheinigungen sind die z.Zt. dort befindlichen Juden

Johanna Sara Cohn, geb. 30.9.1878,
Else Sara Kron, geb. 11.7.1894 und
Peter Israel Deutschmann, geb. 29.3.1908

nicht mehr anstaltspflegebedürftig. Sie sollen in Familienpflege untergebracht werden. Ich bitte, diese drei Juden vom Abtransport auszuschließen, aber so lange in der Anstalt zu behalten, bis sie von den sich ausweisenden Angehörigen usw. abgeholt werden.«

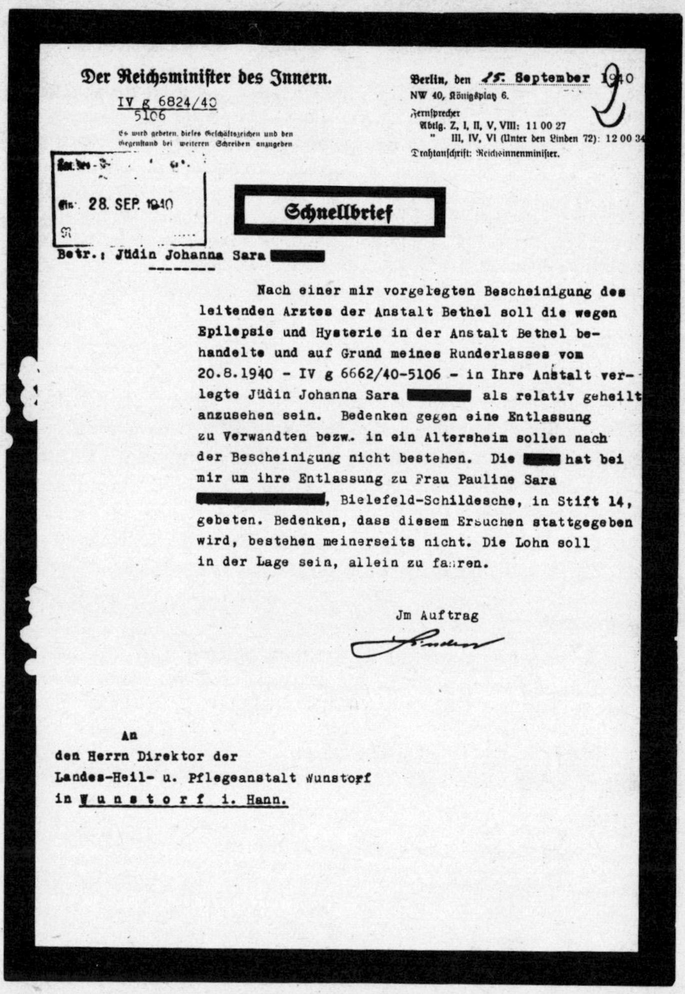

Der Reichsminister des Innern.

IV g 6824/40
5106

Es wird gebeten, dieses Geschäftszeichen und den Gegenstand bei weiteren Schreiben anzugeben

Berlin, den 15. September 1940
NW 40, Königsplatz 6.
Fernsprecher
Abtlg. Z, I, II, V, VIII: 11 00 27
" III, IV, VI (Unter den Linden 72): 12 00 34
Drahtanschrift: Reichsinnenminister.

Eing. 28. SEP. 1940

Schnellbrief

Betr.: Jüdin Johanna Sara [redacted]

Nach einer mir vorgelegten Bescheinigung des leitenden Arztes der Anstalt Bethel soll die wegen Epilepsie und Hysterie in der Anstalt Bethel behandelte und auf Grund meines Runderlasses vom 20.8.1940 - IV g 6662/40-5106 - in Ihre Anstalt verlegte Jüdin Johanna Sara [redacted] als relativ geheilt anzusehen sein. Bedenken gegen eine Entlassung zu Verwandten bezw. in ein Altersheim sollen nach der Bescheinigung nicht bestehen. Die [redacted] hat bei mir um ihre Entlassung zu Frau Pauline Sara [redacted], Bielefeld-Schildesche, in Stift 14, gebeten. Bedenken, dass diesem Ersuchen stattgegeben wird, bestehen meinerseits nicht. Die Lohn soll in der Lage sein, allein zu fahren.

Jm Auftrag

An
den Herrn Direktor der
Landes-Heil- u. Pflegeanstalt Wunstorf
in Wunstorf i. Hann.

Den Dokumenten ist nicht zu entnehmen, was aus Else Sara Kron wird. Peter Deutschmann und Johanna Cohn werden – vorerst – gerettet.

Sara Cohn hatte sich am 20. September noch aus Bethel an das Reichsinnenministerium gewandt:

»Betr.: Meine Entlassung, bisher in der Anstalt Bethel.

Hierdurch bitte ich ergebenst um Entlassung, da ich als relativ geheilt anzusehen bin.
Da ich von Beruf Schneiderin bin, hatte ich in der Anstalt Bethel schon seit langer Zeit andere im Nähen und Flicken angelernt.

Ich bin in der Lage, allein zu fahren, und bitte ich sehr, mich von Wunstorf i. Hann. aus, wohin ich vorläufig kommen soll, nach Bielefeld zu entlassen.
Eine ärztliche Bescheinigung füge ich bei, und bitte ich um wohlwollende Prüfung und meine Entlassung, und kann zur Frau Pauline Sara Grünewald, Bielefeld-Schildesche, im Stift 14 kommen.

gez. Johanna Sara Cohn
bisher Anstalt Bethel b. Bielefeld
Haus Mamre.«

Tatsächlich reagiert der Reichsminister des Innern positiv. In einem Schnellbrief an die Landes-Heil- und Pflegeanstalt Wunstorf vom 25. September 1940 ordnet er die Entlassung an. Der Brief geht hier erst am 28. September ein. Offenbar ist aber eine telefonische Information vorab erfolgt. Johanna Sara Cohn wird am 26. September 1940 von einem Verwandten, Franz Israel Friedmann, abgeholt. Er quittiert ihren Empfang:

»Empfangsbestätigung.

Unterzeichneter hat heute die jüdische Kranke Johanna Sara Cohn aus der Heilanstalt Wunstorf abgeholt und zugleich den pol. Abmeldeschein, 1 Umzugsabmeldebestätigung des Ernährungsamtes, 1 Reichsseifenkarte, 1 Kennkarte des Deutschen Reiches für Juden sowie ein Schreiben der Polizeibehörde Bielefeld-Gaderbaum erhalten.

Wunstorf, den 26. Sept. 1940 gez. Franz Israel Friedmann.«

Empfangsbestätigung,

Unterzeichneter hat heute die jüdische ~~Geistes~~Kranke Johanna Sara [redacted] aus der Heilanstalt Wunstorf abgeholt und zugleich den pol. Abmeldeschein, 1 Umzugsabmeldebestätigung des Ernährungsamtes, 1 Reichsseifenkarte, 1 Kennkarte des Deutschen Reiches für Juden sowie ein Schreiben der Polizeibehörde Bielefeld - Gaderbaum erhalten.

Wunstorf, den 26. Sept.1940

Franz Israel Friedmann

Um Peter Israel Deutschmann bemüht sich die Schwester, Frau Jenny Sara Deutschmann, J.-Kennkarte Berlin A 449471, aus Berlin W. 15, Kaiserallee 20 bei Feldmeier. Sie schreibt am 25. September 1940 an die Heil- und Pflegeanstalt Wunstorf:

»Hierdurch bitte ich ergebenst, meinen Bruder, der dort am 21.9. vom Gut Albertushof-Delmenhorst eingetroffen ist, Ihrerseits nicht weiterzuschicken, sondern zum Zweck der Betreuung durch die Reichsvereinigung der Juden in Deutschland zu entlassen, und zwar gemäß dem Ihnen vor einigen Tagen zugegangenen Schreiben der Bezirksstelle Hannover dieser Vereinigung.
Sollte wider Erwarten die weitere Unterbringung meines Bruders bisher noch nicht geregelt sein, so verpflichte ich mich hierdurch, persönlich für seine sofortige Unterbringung Sorge zu tragen. Nötigenfalls würde ich nach Wunstorf kommen, um dort meinen Bruder persönlich in Empfang zu nehmen. Für diesen Fall bitte ich um gefällige umgehende Nachricht und erlaube mir, einen Eilboten-Freiumschlag beizufügen.«

Die Antwort erfolgt prompt am 26. September 1940:

»Laut Verfügung des Herrn Regierungspräsidenten Hannover (M 22 / 0 / 223) kann Ihr hier befindlicher Bruder Peter Israel Deutschmann sofort in Familienpflege untergebracht werden. Ihr Bruder ist jedoch so lange in der Anstalt zu behalten, bis er von einem sich ausweisenden Angehörigen abgeholt wird. Sie müßten also baldmöglichst persönlich herkommen und Ihren Bruder abholen.«

Die Rettung gelingt.

Tödliche Pannen

Die Aktion hat sich rasch, präzise und geräuschlos vollzogen. Wie sich kurze Zeit später herausstellen soll, ist sie doch nicht ohne Pannen verlaufen.

Der Erlaß des Reichsministers des Innern verfügt, daß für die Verlegungsaktion nur Volljuden deutscher oder polnischer Staatsangehörigkeit sowie staatenlose Volljuden in Frage kommen. Juden anderer Staatsangehörigkeit sind ebenso wie „Mischlinge ersten und zweiten Grades" in diese Aktion nicht einzubeziehen. Der 13jährige Heinz Mohn, der sich zuletzt in den Erkeröder Anstalten befand, ist ein solcher Mischling ersten Grades. Er wurde dennoch verlegt. Die Bezirksstelle Hannover der Reichsvereinigung der Ju-

A b s c h r i f t !

Reichsvereinigung der Juden in Deutschland
Bezirksstelle Hannover.

Hannover, den 28.3.194o.A/Ro
Betr.: Akt.Zeich.S4o6/Anst.
Heinz [redacted],geb.23.12.27.
Neuerkeroder Anstalten.

An das
Kreisfürsorgeamt
H o l z m i n d e n .

Zurückkommend auf Ihr Schreiben vom 1.2.d.J. teilen wir Ihnen mit, daß das obige Kind nicht als Jude im Sinne der 1. Verordnung zum Reichsbürgergesetz gelten dürfte.

Nach § 5 , 2a dieser Verordnung gilt nur der von zwei volljüdischen Großeltern abstammende jüdische Mischling als Jude, wenn er beim Erlaß des Gesetzes, am 15. September 1935, der jüdischen Religionsgemeinschaft angehört hat oder danach in sie aufgenommen worden ist.

Soweit uns bekannt ist, wird der Junge in den Neuerkeröder Anstalten evangelisch erzogen und hat somit ebenso wenig an dem betreffenden Tage wie auch später der jüdischen Religionsgemeinschaft angehört. Aus diesem Grunde dürften auch die jüdischen Organisationen für seine Unterstützung nicht in Frage kommen.

gez. Unterschrift.

Ergänzung:

Bezüglich des Heinz Mohn haben wir uns auf Grund obigen Schreibens genötigt, persönlich im Braunschweigischen Innenministerium vorzusprechen. Es wurde uns aufgegeben, den Jungen mitzuschicken, wobei zu Ihrer Orientierung die Abschrift obigen Schreibens Ihnen zugestellt werden sollte.

Der Leiter der Neuerkeröder Anstalten

i. A.

Dr. Hille,
Pastor

den unternimmt einen Versuch, ihn doch noch zu retten. Ihr Schreiben an den Regierungspräsidenten wird zur Kenntnisnahme und weiteren Veranlassung, »soweit der Verbleib des Kindes dort bekannt ist«, an die Heil- und Pflegeanstalt Wunstorf übersandt:

»Wie wir erfahren, ist am 27. September d.J. dem Abtransport der jüdischen Geisteskranken aus Wunstorf auch das Kind Heinz Mohn, geb. 23.12.1927, zuletzt: *Neuerkerode*, angeschlossen worden. Es liegt hier ein

Irrtum der Behörde insofern vor, als der Junge nicht als Jude im Sinne der Nürnberger Gesetze anzusehen ist. Es handelt sich um das uneheliche Kind der Margarete Sara Mohn, wohnhaft Celle, Birnbaumstr. 6. Der Erzeuger des Kindes ist der Bauingenieur Peter Mann, Bochum, Friedr.-Ebert-Str. 6, der Arier ist. Die Vaterschaft wurde von ihm anerkannt. Somit handelt es sich um einen Mischling, der in der evangelischen Konfession erzogen ist. Er durfte somit bei der Aktion, den Abtransport jüdischer Geisteskranker betreffend, nicht erfaßt werden. Wir bitten daher, dafür Sorge tragen zu wollen, daß das Kind wieder der Neuerkeröder Anstalt zugeführt wird.
Mit Rücksicht darauf, daß das Kind, das nicht idiotisch, sondern nur schwachsinnig und bildungsfähig ist, sich u.W. zwischen erwachsenen Geisteskranken befindet, bitten wir im Interesse des Kindes sehr, die Angelegenheit baldmöglichst erledigen zu wollen.«

Die Antwort läßt offen, ob es sich wirklich um eine Panne gehandelt hat oder um Absicht. Es kann auch sein, daß die Kombination Halbjude und unehelich geboren von den Verantwortlichen als ähnlicher Makel angesehen wurde wie eine volljüdische Herkunft. Anders verhält es sich bei einem weiteren Kranken. Hier stellt nicht nur der Rechtsvertreter der Angehörigen Nachforschungen an (Mitglied des Nationalsozialistischen Anwaltsvereins NSAV). Um die Aufklärung seines Schicksals bemüht sich auch die Geheime Staatspolizei. Der Anwalt schreibt:

»Seit Juni 1915 hat sich der am 5.5.1885 in Santo Domingo geborene Michael de Samos in der Heil- und Pflegeanstalt in Ilten bei Hannover aufgehalten. Nach Mitteilung dieser Anstalt ist de Samos am 20. September 1940 mit einer Reihe von jüdischen Patienten auf behördliche Anordnung nach dort zum Weitertransport verlegt worden. De Samos ist am 4.2.1941 in Chelm verstorben. Er ist hier nun irrtümlich als Nichtarier geführt. Wir vertreten seine Schwester, die nun daraus, daß ihr Bruder angeblich als Nichtarier festgestellt worden ist, Schwierigkeiten hat. Sie behauptet, daß sie ebenso arisch ist wie ihr verstorbener Bruder. Nach Mitteilung der Anstalt Ilten sind nun sämtliche Akten über de Samos mit nach dorthin gegangen. Wir bitten höflichst, aus den Akten doch einmal festzustellen, ob de Samos tatsächlich als Nichtarier bezeichnet worden ist und worauf dieser Irrtum zurückzuführen ist. Wenn dieses tatsächlich der Fall sein sollte, dann muß sich aus den Akten ja auch ergeben, welche Veranlassung dazu vorgelegen hat.«

Die Gestapo stellt Nachforschungen an:

»Gemäß Anordnung des Reichssicherheitshauptamtes Berlin ist von hier die rassische Abstammung der Sara Friederike Bertha Lucilla Römer, verw. Levin, geb. de Samos, geb. am 19.12.80 in Santo Domingo, festzustellen. Die Ermittlungen haben ergeben, daß der Bruder von Frau Römer, Michael de Samos, geb. am 5.5.1885 in Santo Domingo, am 21.9.1941 auf Grund des Erlasses des Herrn Reichsministers des Innern vom 30.8.40 – IV g – 6662 / 40 – 5106 an den Herrn Oberfinanzpräsidenten Hannover von der

Geheime Staatspolizei
Staatspolizeileitstelle Hamburg

Hamburg 36, den 5. Nov. 1943
Stadthausbrücke 8

B.Nr. II B 3 -2242 /43

Eing. 10. NOV. 1943

An die
Heil- und Pflegeanstalt Wunstorf

Wunstorf

Betrifft: Michael [redacted], geb.am5.5.85 in Santo Domingo.

Bezug: Ohne-

Gemäß Anordnung des Reichssicherheitshauptamtes Berlin ist von hier die rassische Abstammung der Sara Friederike Bertha Lucilla [redacted] verw. [redacted], geb. [redacted], geb.am 19.12.80 in Santo Domingo, festzustellen.

Die Ermittlungen haben ergeben, dass der Bruder von Frau [redacted], Michael [redacted], geb. am 5.5.1885 in Santo Domingo, am 21.9.41 auf Grund des Erlasses des Herrn Reichsministers des Innern vom 30.8.40 -IV g - 6662/40 - 5106 an den Herrn Oberfinanspräsidenten Hannover von der Irrenanstalt Ilten in die Heil- und Pflegeanstalt Wunstorf eingeliefert worden ist. Von dort erfolgte kurze Zeit später dessen Evakuierung nach Cholm.

Nach Angabe des Rechtsvertreters der Frau [redacted] soll die Evakuierung zu Unrecht erfolgt sein, weil Michael [redacted] geisteskrank ist und über seine Rassezugehörigkeit keine Angaben machen konnte.

Die Heil- und Pflegeanstalt Ilten kann keine Auskunft über die Rassezugehörigkeit des [redacted] erteilen, weil sämtliche Personalakten seiner Zeit Ihnen übersandt wurden. Ich bitte um Mitteilung, was dort über die Rassezugehörigkeit des [redacted] aus den Personalakten ersichtlich ist, und um Hergabe von Abschriften etwa vorhandener Urkunden.

I. A.
Göttsche

W., den 12.11.43.

Betrifft:
Bezug: –

Über die Rassezugehörigkeit des Kranken M. J. L. ist hier nicht bekannt. Die hier z.Zt. vorhanden gewesenen Akten sind bestimmungsgemäß dem Transport mitgegeben. Über den Verbleib der Akten ist hier ebenfalls nichts bekannt.

am 13. NOV. 1943

Gestapo 7a

Irrenanstalt Ilten in die Heil- und Pflegeanstalt Wunstorf eingeliefert worden ist. Von dort erfolgte kurze Zeit später dessen Evakuierung nach Cholm.

Nach Angabe des Rechtsvertreters der Frau Römer soll die Evakuierung zu Unrecht erfolgt sein, weil Michael de Samos geisteskrank ist und über seine Rassezugehörigkeit keine Angaben machen konnte.
Die Heil- und Pflegeanstalt Ilten kann keine Auskunft über die Rassezugehörigkeit des de Samos erteilen, weil sämtliche Personalakten seinerzeit Ihnen übersandt wurden. Ich bitte um Mitteilung, was dort über die Rassezugehörigkeit des de Samos aus den Personalakten ersichtlich ist und um Hergabe von Abschriften etwa vorhandener Urkunden.« (vgl. Abb.)

Die Anstalt kann nicht helfen. Über die Rassezugehörigkeit des Kranken ist dort nichts bekannt. Die vorhandenen Akten sind bestimmungsgemäß dem Transport mitgegeben worden. Über den Verbleib der Akten ist nichts bekannt. Dafür aber geben die Briefe der Anwälte und der Gestapo Aufschluß über das weitere Schicksal des Betroffenen. Er ist am 4. Februar 1941 in Cholm verstorben. Cholm liegt im damaligen Generalgouvernement Posen. An anderen Stellen in den Akten finden sich später weitere indirekte Hinweise darauf, daß der Transport dorthin erfolgt ist und daß andere Kranke etwa zur gleichen Zeit verstorben sind.

Verzweifelte Angehörige

Die Angehörigen der verlegten jüdischen Geisteskranken werden über das Schicksal ihrer kranken Verwandten im Unklaren gelassen. In der Heil- und Pflegeanstalt geht in der Folgezeit eine Fülle von Anfragen von Angehörigen ein, die nach dem Verbleib der Kranken forschen. Der erste Brief, der Frau Liselotte Sara Rosenholz, geht am 30. September 1940 ein, sieben Tage vor der Verlegung:

»Wie mir soeben von den Rotenburger-Anstalten der Inneren Mission mitgeteilt wird, soll mein Sohn Heinz Israel am 21. d.M. zwecks Zusammenstellung eines Sammeltransportes nach dort überführt werden. Da ich doch annehme, daß er wenigstens einige Tage dort bleibt, erlaube ich mir die ergebene Anfrage, ob es – da ich doch in der Nähe wohne und er sicherlich weiter fortkommt – wohl möglich wäre, daß ich meinen Sohn Sonntag dort besuche und wann ich im bejahenden Falle dort sein könnte.
Ich sehe Ihrer gefälligen Antwort entgegen und danke Ihnen im voraus für Ihre Mühe.
Ergebenst!«

Die Antwort ist kurz und brüsk:

»Aufgrund der Bestimmungen bin ich nicht in der Lage, Ihnen den geplanten Besuch bei Ihrem Sohn Heinz Israel zu genehmigen. Ich bitte deshalb von dem geplanten Besuch am Sonntag Abstand zu nehmen.«

Die letzte Anfrage kommt am 27. Mai 1942 aus Holland und lautet:

»Ich möchte Sie gerne um die Adresse meiner Mutter, Frau Thea Koppel, bitten, da ich die Adresse verlegt habe. Entschuldigen Sie bitte die Bemühung.
Hochachtungsvoll«

Diese beiden Briefe am Anfang und am Ende einer erschütternden Sammlung dokumentieren zwei Formen der Fürsorge. Fünf weitere Briefe gehen noch vor Abgang des Sammeltransportes ein. Die Antworten sind stereotyp: »Über den endgültigen Verbleib kann nichts mitgeteilt werden.« – »Besuche sind unerwünscht.«

Einer dieser ersten Briefe sei im Wortlaut zitiert. Die Witwe Erna Weber aus Siegen, Erna »Sara« Weber müßte sie sich entsprechend den Gesetzen der Zeit nennen, schreibt am 17. September 1940:

»Ich erhielt von der Provinzial-Heilanstalt, Warstein, die Mitteilung, daß die geisteskranken Juden der Anstalt nach dort überwiesen und in einem Sammeltransport weiterbefördert werden sollen. Der dauernde Aufenthaltsort konnte mir in Warstein leider nicht genannt werden. Es wurde mir gesagt, ich möchte mich an Sie wenden.
Da ich auch zwei Söhne in der Anstalt Warstein untergebracht habe (Otto Weber, 41 Jahre alt, und Egon Weber, 35 Jahre alt, aus Siegen), darf ich Sie höflichst bitten, mir mitzuteilen, wo diese von dort aus hin überwiesen werden sollen.
Ich darf auch bemerken, daß meine Söhne nicht geisteskrank sind, sondern sie sind beide nur körperlich behindert. Ich habe sie nur wegen der Zeit- und Wohnungsverhältnisse 1937 in Warstein untergebracht. Vielleicht liegt es in Ihrer Hand, dieses zu berücksichtigen und bei der Überweisung von dort eine Anstalt zu wählen, wo meinen Kindern etwas Freiheit gegeben werden kann.
Auch wäre es mein dringender Wunsch, meine Söhne nicht getrennt unterzubringen. Sie sind immer zusammen gewesen, halten sehr viel aufeinander und werden sich sehr schwer alleine gewöhnen.
Über die allgemeine Führung und Beliebtheit werden Sie sich bei den Wärtern der Überführung erkundigen können.
Ich wäre Ihnen sehr dankbar, wenn Sie so freundlich sein wollten und mir Nachricht geben, für welche Sie beiliegenden Freiumschlag verwenden wollen und danke Ihnen im voraus.«

Sie erhält am 28. September folgende Antwort:

»Ihre Söhne Otto und Egon Weber, die für die Zusammenstellung eines Sammeltransportes hierher gebracht worden waren, sind am 27.9. in eine jüdische Sammelanstalt im Generalgouvernement verlegt worden. Ihre Söhne haben hier alle Vorzüge in Bezug auf Wartung und Pflege genossen, die ihnen den Umständen entsprechend gewährt werden konnten. Es lag nicht in meiner Hand, für die Überweisung Ihrer Söhne eine Anstalt zu wählen, in der den Kindern mehr Freiheit gegeben werden kann.«

Spätere Antworten auf Anfragen sind weniger persönlich, aber im Inhalt ähnlich. Die Angehörigen seien hier nur wenige Tage versorgt und dann weitertransportiert worden. Wohin, wisse man nicht. Man möge sich doch an die Reichsvereinigung der Juden in Deutschland wenden.

Die Krankenhausleitung versucht, den Zielort des Transportes von der Gemeinnützigen Krankentransportgesellschaft in Berlin zu erfahren: »Von Angehörigen der seinerzeit hier vorübergehend aufgenommenen jüdischen Kranken gehen mir täglich Anfragen zu über den Verbleib der betreffenden Kranken. Bisher war es mir nicht möglich, die Anfragen in befriedigender Weise zu beantworten. Um diesen Schriftwechsel nach Möglichkeit beendigen zu können, bitte ich, mir mitzuteilen, in welche Anstalt die Kranken von dort aus weiterüberführt sind.« Die Gemeinnützige Krankentransport-GmbH weicht aus. Sie fordert die Anstalt auf, alle Anfragen von Angehörigen der jüdischen Kranken nach Berlin weiterzuleiten. So heißt es in Zukunft in den Antwortschreiben an die Angehörigen kurz und knapp: »Die zur Zusammenstellung eines Sammeltransportes seinerzeit hier aufgenommenen jüdischen Kranken sind bereits am 27.9. weitertransportiert. Die Anstalt, in die die Kranken überführt sind, ist mir nicht bekannt. Ich gebe anheim, sich an die Gemeinnützige Krankentransport-GmbH, Berlin W 9, Potsdamer Platz 1, zu wenden, die die Überführung durchgeführt hat.«

In der Folge seien eine Reihe von Briefen ohne weitere Bemerkungen auszugsweise wiedergegeben:

Rosa Sara Hirsch, Kennort: Soest, Kenn-Nr. A 00119, fragt am 27. September 1940:

»Im Auftrage meiner Mutter erbitte ich Auskunft über das Befinden meiner Schwester Martha Sara Hirsch aus Soest. Wir wüßten gern, wie es ihr geht und ihr die Übersiedlung bekommen ist. Wielange wird ihr Aufenthalt dort noch dauern und wohin wird sie kommen?
Freiumschlag ist beigefügt.«

Frau Leo Sara Mauheimer, Hannover, am 30. September 1940:

»Von meinem Bruder, Heinz Weißenstein, welcher bisher in der Heil- und Pflegeanstalt Hildesheim untergebracht war, erhielt ich die Nachricht, daß er in die dortige Anstalt überführt wurde und am 27. d.M. wahrscheinlich nach Berlin weitertransportiert wurde. Er bat mich, ihn doch noch aufzusuchen. Leider kam diese Karte, die am 23. datiert ist, erst am 28. in meinen Besitz. Es war mir deshalb nicht möglich, meinen Bruder dort aufzusuchen. Ich wäre Ihnen deshalb dankbar, wenn Sie mir mitteilten, ob mein Bruder sich noch dort befindet, oder mir seine Adresse geben würden, oder mir aber zu raten, wohin ich mich deshalb zu wenden habe.«

Frau Henriette Singer, Magdeburg, am 4. Oktober 1940:

»Beiliegendes Schreiben erhielt ich aus Hildesheim und möchte Sie höflichst und ebenso dringend bitten, mir den Aufenthaltsort meiner Schwester, Fräulein Eva Müller, gebürtig aus Hannover, mitteilen zu wollen. Ich bin in Sorge deshalb.
Für Ihre Mühewaltung dankend«

Herr Edgar Israel Goldschmidt, Fritzlar, am 6. Oktober 1940:

»Wie mir die Heil- und Pflegeanstalt Lindenhaus mitteilt, ist meine Schwester, Else Sara Goldschmidt, dorthin verlegt worden. Es wäre mir sehr erwünscht, zu erfahren, ob ein Besuch derselben gestattet ist.«

Fräulein Grete Frankenstein, Terapel / Niederlande, am 1. Oktober 1940:

»Ich erhielt die Nachricht, daß mein Bruder, Josef Frankenstein, überführt worden ist, da ich seit langer Zeit nichts von ihm gehört habe. Wie geht es demselben gesundheitlich? Hoffentlich alles gut. Verrichtet mein Bruder die Arbeiten gut? Mit was für Arbeiten wird derselbe beschäftigt?
Tante Henriette und seine Schwester Leni lassen herzlich grüßen.«

Frau Kronthal, Gelsenkirchen, am 7. Oktober 1940:

»Ich gestatte mir die höfliche Anfrage, ob mein Sohn Heinz Kronthal, 14 Jahre alt, bei Ihnen untergebracht ist. Seit Ende September ist er nicht mehr im St. Johannesstift in Niedermarsberg, wo er seit dem 1. Juli 1940 war. Ich bin in großer Sorge, wo mein Junge ist. Da hörte ich, daß mehrere jüdische Kranke nach dort gekommen sind. Sollte er dort sein, dann antworten Sie mir bitte gleich, auch, ob ich ihn besuchen darf. Vielleicht kann der Junge mir auch selbst schreiben. Bitte, antworten Sie mir, da ich mir furchtbare Sorgen mache.«

Iwan Israel Rosenthal am 9. Oktober 1940:

»Mein Sohn wurde Ihnen am 21. September 1940 von der Heilanstalt Lengerich überwiesen. Ich frage höflichst an, wie er sich eingewöhnt hat und wie seine gesundheitlichen Verhältnisse jetzt sind. Insbesondere möchte ich wissen, ob es bei Ihnen eine besondere Abteilung für Juden gibt, insbesondere, ob jüdische Ärzte und Pflegepersonal vorhanden sind. Vielleicht können Sie mir dabei auch sagen, wie es meinen Nachbarkindern Hugo Merkel und Lina Rosenbaum geht, die sich auch dort befinden.«

Frau S. Schöntal, Oelde, am 13. Oktober 1940:

»Täglich meine ich, Nachricht erhalten zu müssen, wohin die dort vorübergehend untergebrachten Kranken aus Warstein befördert sind. Leider ist mein Warten bis heute erfolglos. Ich wende mich daher in meiner Sorge und Not noch einmal an Sie, Herr Dr. V. W. Die Ungewißheit macht mich sehr mißgestimmt und traurig. *Bitte* sagen Sie mir doch, wohin der Transport ging. Sie werden es wissen, als Leiter und Arzt. Ich verspreche, mich mit der Tatsache abzufinden, auch wenn die Kranken weit fortgekommen sind.
Ich appelliere an Ihr menschliches Mitempfinden und hoffe, bald Nachricht zu erhalten, wofür ich im voraus danke.
Frau S. Schöntal, Ehefrau des Herrn Isidor Schöntal.«

Bruno Hähnlein, Wesermünde, am 14. Oktober 1940:

»Nun möchte ich bitten, mir mitzuteilen, ob ich meine Schwester besuchen kann.«

Gerd Merkel, Gelsenkirchen, am 13. Oktober 1940:

»Lt. Mitteilung der Provinzialanstalt Gütersloh wurde mein Sohn Hugo Merkel nach dort überführt. Jetzt erbitte ich mit anliegender Postkarte um Nachricht, ob sich Hugo dort befindet.«

Liselotte Sara Rosenholz, Hannover, am 14. Oktober 1940:

»Am 21. September ist mein Sohn Heinz Israel von Rothenburg nach dort gekommen, um von dort mit anderen Kranken weitergeschickt zu werden. Da ich bis heute noch keine Nachricht habe, wohin mein liebes Heinzchen gekommen ist, können Sie sich denken, in welcher Unruhe ich mich befinde. Ich erlaube mir die ergebene Anfrage, ob Sie mir nicht sagen können, wohin die Kranken gekommen sind. Wie ich hörte, sollte doch ein Arzt von dort den Transport begleiten bis nach einem Ort in der Provinz Brandenburg, von wo sie dann noch weiterkommen sollten. Vielleicht können Sie mir, falls Sie nicht wissen sollten, wohin die Kranken weitergekommen sind, wenigstens den Ort in Brandenburg nennen. Wissen Sie vielleicht, ob die Kranken dort länger bleiben sollten. Vielleicht könnte ich mich an die Anstalt in Brandenburg, wenn ich die Adresse wüßte, um Auskunft wenden, da ich gar nicht weiß, wohin ich mich sonst noch wenden sollte. Entschuldigen Sie bitte, wenn ich Sie mit diesen Zeilen belästige, aber ich weiß mir keinen Rat und wäre Ihnen sehr dankbar, wenn Sie mir recht bald Auskunft geben könnten.«

Frau Hanni Lindemann, Amsterdam, am 27. Oktober 1940:

»Lieber Axel! Wir haben sehr lange nichts von Dir gehört und erhielten nun von der Direktion Mitteilung, daß Du nach Wunstorf verlegt bist. Ich nehme an, daß wir nichts von Dir hören, da Du wahrscheinlich unsere Adresse nicht hast. Teile uns bitte direkt nach Erhalt dieser Karte mit, wie es Dir geht. Uns allen geht es gut. Empfange viele herzliche Grüße.
N.S.: Sollte mein Bruder sich nicht dort befinden, bitte ich die Direktion höflichst, ob es ihr bekannt ist, wo mein Bruder sich befindet und es mir auf der Antwortkarte mitteilen zu wollen.«

Hans Hoffmann, Gelsenkirchen, am 29. Oktober 1940:

»Von der Provinzial-Heilanstalt in Applerbeck erhalte ich soeben die Benachrichtigung, daß mein Pflegling, Johanna Rosenstein, zu Ihnen verlegt worden sei. Ich möchte Sie höflich bitten, da mir zugleich das unverbrauchte Pflegegeld zurückgesandt wird, mir mitzuteilen, wieviel Sie für die Pflege der Monate Oktober und November 1940 benötigen, damit ich Ihnen den Betrag sofort überweisen kann. Gleichzeitig bitte ich um Ihre gefällige Angabe, wie hoch sich bei Ihnen die Pflegekosten der ersten oder zweiten Klasse stellen.«

Paula Bernhard, Potsdam / Babelsberg, am 21. Oktober 1940, an das Amtsgericht Schmiedeberg i. Rsgb.:

»Als Pflegerin meiner Mutter möchte ich folgende Mitteilung machen und bitte gleichzeitig um Rat, was ich zu veranlassen habe.
Von der Anstalt Bethel erhielt ich am 14.9. in meinem Urlaub die Mitteilung, daß meine Mutter lt. Verfügung des Regierungspräsidenten bis zum 21.9. nach Wunstorf bei Hannover in ein Sammellager überführt werden müßte. Daraufhin reise ich sofort nach Bethel, um zu sehen, ob ein Dortbleiben evtl. nicht doch noch weiter in Frage kommen könnte. Ich mußte die Überführung selbst mitmachen. Die Aufregungen, die ich um diese Dinge hinter mir habe, möchte und kann ich nicht beschreiben. – Nachdem ich dann bis zum 8.10.40 ohne jede Nachricht blieb, erhielt ich auf meine Anfrage hin von der Landes-Heil- und Pflegeanstalt Wunstorf die Nachricht, daß meine Mutter mit einem Transport jüdischer Geisteskranker am 29.9. in das Generalgouvernement verlegt ist. – Weitere Nachricht habe ich bisher nicht erhalten. Ich habe mich nun in Berlin bemüht, eine Stelle zu finden, die für mich ergründen will, ob meine Mutter lebt oder was inzwischen eingetreten ist. Daß mein Vater, Arier, im Weltkrieg gefallen, ich bisher auch dadurch meine Stellung erhalten habe und auch nie mit irgendwelchen anderen Kreisen in Berührung gekommen bin, möchte ich noch mitteilen. Meine Mutter, evangelisch erzogen, hat selbst den Dingen, in die sie durch ihre Abstammung hineingekommen ist, ferngestanden und den Aufregungen nicht standgehalten. – Was soll ich jetzt veranlassen, es handelt sich auch um die Hinterbliebenenrente, die von dem Versorgungsamt Bielefeld gezahlt wird. Für eine Nachricht und Rat wäre ich sehr dankbar.«

Herr Josef Israel Kränkel, Bünde / Westfalen, am 30. Oktober 1940:

»Als Vormund über Fräulein Antonie Meyer, die am 21.9.1940 aus der Anstalt Bethel bei Bielefeld nach dort überführt worden ist, bitte ich, mir Mitteilung zu machen, ob sich noch mein Mündel dort befindet und wie es ihr gesundheitlich geht. Ich hatte am 7.10.1940 einen Brief nach dort geschrieben, aber bis heute keine Antwort erhalten.«

Witwe Erna Weber, Siegen, am 1. November 1940:

»Bis heute erhielt ich noch keine Nachricht, wohin man meine beiden Söhne Otto und Egon Weber aus Siegen, die ordnungsgemäß von der Provinzial-Heil- und Pflegeanstalt Warstein nach dort überwiesen wurden, von Ihnen aus weitergeschickt worden sind.
Ich bitte Sie nochmals freundlichst, mir dieses doch mitzuteilen, da Sie bestimmt wissen, wo sich meine Söhne befinden. Ich als Mutter darf doch gewiß verlangen, daß man mir den Aufenthalt meiner Söhne nicht verheimlicht.
Sollten Sie mir den Aufenthalt nicht schreiben wollen, dann schreiben Sie mir bitte die Adresse, an die ich mich weiter wenden kann, gegebenenfalls an die Sie meine Söhne weitergeschickt haben.
Ihrer Antwort, mit genauen Angaben, sehe ich baldigst entgegen.«

Herr Jakob Seligmann, Hannover, am 3. November 1940:

»Ich frage hierdurch an, ob meine Mutter, Frau Witwe Helma Seligmann, sich dort befindet, gegebenenfalls seit wann, ob sie dort bleibt oder woanders hinkommt, wann und wohin? Ich muß sie übrigens dringend gesprochen haben. An welchen Tagen und zu welcher Zeit bietet sich die Möglichkeit hierzu?«

Werner Israel Feld (blind), Jude, Kennwort: Berlin, Kenn-Nr. A 371020, am 3. November 1940:

»Ich bitte Sie höflich, mir mitzuteilen, ob mein Sohn noch bei Ihnen ist oder wohin er überführt wurde. Für mich als Vater ist es furchtbar, in Ungewißheit über das Schicksal meines Kindes zu sein. Ich kenne den traurigen Gesundheitszustand meines Sohnes ganz genau und bin auf alles gefaßt.«

Anna Sara Osterholz, Berlin, am 11. November 1940:

»Die Tochter meiner Schwester, Frau Ina Kerz, ist, wie meine Schwester gesagt hat, mit einem Transport Geisteskranker nach Wunstorf gekommen. Seitdem fehlt trotz aller Nachfragen jede Spur von ihr. – Meine Schwester ist verzweifelt, da die Ungewißheit sie sehr quält. – Ich hoffe, daß Sie die Menschlichkeit und Barmherzigkeit haben werden, mir bald Nachricht über den Aufenthaltsort meiner Nichte zu geben und sage im voraus verbindlichsten Dank dafür.«

Frau Ilse Sara Jacobsberg, Breslau, am 9. November 1940:

»Als sehr besorgte Mutter meines Sohnes Josef Israel Jacobsberg will ich mich heute vertrauensvoll an Sie wenden. Mein Sohn Josef, der fast 20 Jahre in der Familie Trapp, Gut Albertushof, Post Delmenhorst bei Bremen, untergebracht war, befindet sich jetzt seit September in Ihrer Anstalt. Dies schrieb mir Frau Martin Trapp. Josef war bei Trapps in jeder Beziehung gut aufgehoben, so daß ich stets seinetwegen beruhigt sein konnte. Seitdem aber Josef von Trapps fort ist, höre ich leider gar nichts mehr von ihm. Ich möchte daher ergebenst bitten, mir bald mitzuteilen, wie es Josef geht, was er macht, und wie von Ihnen aus sich sein weiteres Schicksal gestalten wird. Wieviele Zöglinge hat augenblicklich die Anstalt, wo schläft Josef, mit wem zusammen, an wen hat sich Josef bis jetzt besonders angeschlossen, wie sind die Bedingungen in Ihrer Anstalt, wie hoch stellt sich der Pensionspreis? Ich, als Mutter, muß doch dies alles wissen und habe bis heute keine Ahnung. Hat Ihre Anstalt auch Statuten? Zur Beantwortung meiner Post erlaube ich mir heute an die Anstalt einige Freikuverts zu senden. Da ich hier auch mit mehreren Personen zusammenwohnen muß, will ich durchaus nicht meine Post preisgeben. An Josef selbst viele, viele liebe Grüße. Wenn Josef an mich von Ihnen aus schreiben will, so soll er es tun und Ihnen seinen Brief als Einlage an Ihr Schreiben übergeben. So haben wir es immer gemacht.
Mit nochmaligem Dank.«

A. Beyth, Hannover, am 18. November 1940:

»Für den erkrankten, früher in der Landes-Heil- und Pflegeanstalt Göttingen in Pflege befindlichen Hans Raps wurde mir am 6.5.1939 gerichtsseitig die Vormundschaft übertragen.
Wie mir die Direktion der Landes-Heil- und Pflegeanstalt Göttingen mit Schreiben vom 14.11.1940 mitteilt, ist mein Mündel bereits am 21.9.1940 in die dortige Anstalt verlegt worden.
Da mir das erst jetzt bekanntgeworden ist, sind die monatlichen Unterhaltsbeiträge in Höhe von RM 100,- per Monat am 1.10. und 1.11. des Jahres noch an die Landes-Heil- und Pflegeanstalt Göttingen überwiesen.
Ich bitte um Nachricht, ob sich mein Mündel noch dort befindet bzw. wo dasselbe jetzt untergebracht ist und ob die Unterhaltsbeiträge für Oktober und November d.J. von Göttingen an Sie weitergeleitet sind. Rückporto anbei.«

Rosa Sara Hirsch, Soest, am 15. November 1940:

»Meine Schwester Martha Hirsch hatte von Warstein aus nach dort einen Morgenrock mitgebracht. Sollte sie diesen auf die weite Fahrt nicht mitbekommen haben, bitte ich höflich, ihn hierher zu senden.«

Iwan Israel Rosenthal, Gelsenkirchen, am 5. November 1940:

»Mit ihrer letzten Karte schrieben Sie mir, daß mein Sohn in das Generalgouvernement verlegt worden sei und ich darüber von der Bezirksstelle Bielefeld Nachricht erhalten würde. Ich habe bis heute keine Nachricht erhalten und war deshalb beim städtischen Fürsorgeamt, welches mir sagte, ich solle mich nochmal an Sie wenden, denn irgendwo müssen doch die Kranken sein, oder es liegt ein Grund vor, es zu verheimlichen, wie schwere Krankheit oder Tod.«

Walter Israel Grünwald, Köln, am 23. November 1940:

»Am 20.9. wurde mir aus Ilten mitgeteilt, daß meine Ehefrau, Gladys Sara Grünwald, nach dort überwiesen wurde, um weiter in einem Sammellager untergebracht zu werden. Ich wäre sehr dankbar zu erfahren, wo sich meine Frau befindet. Für Ihre Mühe im voraus dankend ...«

Adolf Israel Alexander, Frankfurt, am 29. November 1940:

»Ich bitte um Nachricht über das Befinden meines Sohnes, Leonhard Israel Alexander, der am 21.9. von Göttingen nach dort überführt worden ist.«

Fanny S. Wollenberg, Hannover, am 30. November 1940:

»Ich nehme höflich Bezug auf die persönliche Rücksprache mit Ihnen, in deren Verlauf Sie mir sagten, daß meine Tochter, Hilde Wollenberg, aus der Anstalt Hildesheim mit anderen Kranken in eine jüdische Anstalt käme und ich Nachricht erhalten würde, wo sie sich befindet.
Leider habe ich bis heute, nach 2 Monaten, noch keine Nachricht erhalten, und Sie können sich vorstellen, daß ich als Mutter keine ruhige Minute habe. Aus diesem Grunde erlaube ich mir die ergebene Bitte, mir doch Mitteilung zukommen zu lassen, wo sich die Kranke befindet. Ich danke im voraus für Ihre Bemühungen und empfehle mich
hochachtungsvoll!«

Frau Ilse Sara Jacobsberg, Breslau, am 9. Dezember 1940:

»Auf Ihre Mitteilung hin, betreffend meinen Sohn Josef Israel Jacobsberg, früher Gut Albertushof bei Delmenhorst, bei Fam. Martin Trapp, habe ich mich sofort an die Gemeinnützige Krankentransport-GmbH Berlin gewandt. Auf mehrmaliges Ersuchen über den Verbleib meines Sohnes erhielt ich *keine* Mitteilung. Vielleicht können Sie so liebenswürdig sein, die Vermittlung mit Berlin, wohin mein Sohn von Ihnen aus gekommen ist, für mich als sorgenvolle Mutter zu übernehmen. Ich wäre sonst genötigt, polizeiliche Nachforschungen über seinen augenblicklichen Aufenthalt zu unternehmen, die ich gern vermeiden möchte. Im voraus bestens dankend,
hochachtungsvoll!«

F. Koppel, Loosdrecht / Holland, am 14. Dezember 1940:

»Ich möchte Sie höflichst bitten, mich über das Befinden meiner Mutter, Frau Thea Koppel, zu unterrichten. Ferner möchte ich, wenn möglich, einige Zeilen von meiner Mutter Hand erhalten. Ihnen im voraus für Ihre Freundlichkeit dankend, schließe ich.«

Werner Kugelmann, Buenos Aires / Argentinien, am 7. Dezember 1940:

»Lt. Mitteilung der Dr.-Ferdinand-Wahrendorff-Privat-Heil- und Pflegeanstalten, Kommanditgesellschaft in Ilten über Hannover, wurde meine Schwester Selma Kugelmann aus Hannover, geb. 1.9.03, am 20.9.1940 auf Grund der Verfügung des Reichsministers des Innern, Berlin, IV g 6662140 / 5106 vom 30.8.1940 und der Regierung in Lüneburg 1, Med. 31.10. vom 3.9.1940 in Ihre Anstalt überführt zwecks Weiterverlegung in eine Sammelanstalt. Da ich meiner Schwester gern schreiben und wie bisher mich auch weiterhin laufend über ihren Krankheitszustand orientieren möchte, bitte ich Sie hierdurch höflich, mir unter Benutzung des beiliegenden Rückportos ihre neue Adresse mitzuteilen, damit ich mich dorthin wenden kann.«

K. Markhoff, Saint-Denis-le-Ferment, 13. Dezember 1940:

»Im Auftrag ihrer Mutter bitte ich Sie ergebenst, mir Nachrichten über Frau Ilse Jacob, die seit dem 21.9.1940 in Ihrer Anstalt zur Verpflegung ist, zu geben. Ich wäre Ihnen sehr dankbar, mir sagen zu wollen, in welchem Zustand sie sich befindet und wie es ihr körperlich und geistig geht.«

Dr. Alfred Winter – Rechtsanwalt –, Berlin SW 61, am 24. Dezember 1940:

»Die Krankenschwester Paula Bernhard in Potsdam / Babelsberg, Lindenstr. 67/68, hat mich beauftragt, nach ihrer seit 27.9.40 verschollenen Mutter, Frau verw. Dorothea Bernhard, geb. Arndt, die zuvor in der Anstalt Bethel untergebracht war und auf Anordnung des Herrn Regierungspräsidenten in Minden von dort nach Wunstorf verbracht werden mußte, Ermittlungen anzustellen.
Nach dem dortigen Schreiben vom 10. Oktober 1940 ist Frau D. Bernhard nach Zusammenstellung eines Sammeltransportes jüdischer Geisteskranker am 27. September 1940 in eine Sammelheilanstalt im Generalgouvernement verlegt worden, deren Anschrift dort damals nicht bekannt war. Die Anfrage bei der zuständigen Bezirksstelle der Reichsvereinigung der Juden in Deutschland, die dortseits empfohlen war, ist ergebnislos gewesen.
Meine Auftraggeberin, die vom Amtsgericht Schmiedeberg/Rsgb. in den Akten 3.R.VIII.351 als Pflegerin für ihre Mutter bestellt ist, hat abgesehen von dem begreiflichen persönlichen Moment ein umso größeres Interesse daran, den Verbleib ihrer Mutter zu erfahren, als diese als Witwe eines 1916 im Felde gefallenen Offiziers, des Vaters meiner Mandantin, weiter ständig Hinterbliebenenrente bezieht, und diese meiner Auftraggeberin als gesetzlicher Vertreterin überwiesen wird. Diese Einkünfte müssen pflichtgemäß für den Unterhalt der Mutter (Unterkunft und Verpflegung) verwendet werden.
Dazu ist die amtliche Feststellung erforderlich, wo sich der Pflegling befindet, und ob die Gesuchte noch am Leben ist. Im letzteren Falle – nämlich,

falls sie verstorben sein sollte – müßte das zuständige Versorgungsamt, das die Hinterbliebenenrente zahlt, benachrichtigt werden, um den Reichsfiskus nicht weiter mit den Rentenzahlungen zu belasten. Auch wäre eine Mitteilung an das Vormundschaftsgericht erforderlich, damit evt. die Pflegschaft aufgehoben werden kann.
Ich bitte nunmehr, dort festzustellen, wohin der betreffende Sammeltransport geleitet ist. Bei ordnungsmäßigem Geschäftsgang, den ich dort ohne weiteres voraussetze, muß doch aus den dort geführten Registern sich ergeben, auf wessen Anordnung z.Zt. der Sammeltransport zusammengestellt und weitergeleitet worden ist. Auch muß m.E. inzwischen zu den dortigen Akten eine Mitteilung der beauftragten Transportstelle eingegangen sein, wohin der betreffende Transport geleitet und abgegeben worden ist.
Heil Hitler!«

Heinz Israel Stern, Frankfurt, am 25. Dezember 1940:

»Lieber Josef! Wir haben so lange nichts mehr von Dir gehört und ich erfahre durch Göttingen, daß Du jetzt in Wunstorf bist. Warum schreibst Du uns nicht mehr? Wenn Du etwas brauchst, so lasse es uns bitte wissen. Anbei sende ich einen Freiumschlag, gebe mir bitte bald Nachricht.«

Lore Sara Silberberg, Berlin-Steglitz, am 17. Januar 1941:

»Um den sorgenden Verwandten im Ausland nähere Mitteilungen machen zu können, bitte ich Sie höflich um Mitteilung, ob der Knabe noch in Ihrer Anstalt weilt und wie sein Befinden ist. Sollte er schon weitergebracht worden sein, darf ich in einem solchen Falle um seine Anschrift bitten.«

Jakob Israel Seligmann, Hannover, am 5. Februar 1941:

»Auf Ihr Schreiben vom 4.11.1940 habe ich mich bereits zweimal brieflich an die Gemeinnützige Krankentransport-GmbH, Berlin W 9, Potsdamer Platz 1, betrifft Überführung und jetziger Aufenthalt meiner Mutter, gewandt, erhielt jedoch bis jetzt keinerlei Nachricht. Auch vermochte ein Berliner Verwandter in meinem Auftrage an Ort und Stelle nichts in Erfahrung zu bringen; offenbar weiß das Büropersonal von einem Sammeltransport von Wunstorf aus nichts.
Vielleicht fragen Sie daher bitte lediglich in dienstlicher Eigenschaft bei dem Transportunternehmen einmal selbst an, wohin die einzelnen Kranken gekommen sind, belegen auch den Fall meiner Mutter aktenmäßig und geben mir dann bitte unter gefälliger Benutzung beiliegenden Freiumschlages Nachricht.
Ich habe von meiner Mutter auch direkt nichts mehr gehört und sehe mich daher veranlaßt, falls auch Ihre eigenen Feststellungen zu keinem Ergebnis führen, unter Bezugnahme auf Ihre Angaben und Akten Vermißtenanzeige zu stellen.«

Dr. jur. Albert Israel Rosenstein, jüdischer Konsulent, zugelassen nur zur rechtlichen Beratung und Vertretung von Juden, Dortmund, am 20. Februar 1941:

»Ich frage ergebenst an, ob sich die Ehefrau Ilse Jacob, geb. Herz, noch dort befindet. Verneinendenfalls wo sie jetzt ist. Der von mir vertretene Ehemann der Genannten wird von mir in seiner Ehescheidungssache gegen seine Ehefrau vertreten. Daraus ergibt sich meine Legitimation zu meiner Anfrage.«

Frau I. Oelmann, Dövenden, am 6. Juni 1941:

»Ich war im Mai bei Ihnen und erkundigte mich nach meiner Mutter Frau E. Brandy. Es wurde mir aber versichert, daß sich meine Mutter nicht bei Ihnen befindet. Auf nochmaliges Nachfragen in Bremen wurde mir beiliegendes Schreiben übersandt. – Ich bitte Sie, nochmals zu prüfen, ob meine Mutter nicht doch bei Ihnen ist oder in einer Ihnen bekannten anderen Anstalt ist.«

Frau P. Stern, Luzern, am 9. März 1941:

»Lieber Albert, lange Zeit hörte ich nichts mehr von Dir. Aber ich hoffe, es geht Dir gut. Daß ich Dir heute schreibe, hat eine sehr traurige Ursache: Unser lieber Bruder Friedhelm ist aus dem Leben geschieden. Das wird Dir sehr nahe gehen. Friedhelm war ein solch außergewöhnlich guter, lieber Mensch und Bruder. Schade um ihn. Ich bin sehr traurig darüber. Heute will ich sonst nichts berichten. Ich bin so müde und matt von der Hitze.«

Frau Frieda Turteltaub, Luborzyca, am 30. Juli 1941:

»Hiermit ersuche ich höflichst, mir einen Befund meiner Mutter mitzuteilen und wenn möglich, daß die Mutter eigenhändig schreiben soll, denn ich bin schon längere Zeit ohne ein Lebenszeichen von ihr.«

Ratlose Ämter

Nicht nur Angehörige suchen nach den Deportierten. Auch Behörden forschen nach ihrem Verbleib. Vormundschaftsgerichte und Behörden, Nachlaßgerichte, Meldebehörden, Staatsanwaltschaften, Polizeibehörden, der Oberfinanzpräsident, Fürsorgeämter, Amtsgerichte, Erbgesundheitsgerichte, die Reichsversicherungsanstalt für Angestellte, Gesundheitsämter, Landesversicherungsanstalt, Jugendämter, der Staatskommissar der Stadt Minden wenden sich mit Anfragen an die Heil- und Pflegeanstalt. Pfleger und Vormünder suchen ihre Pfleglinge und Mündel, Rechtsanwälte ihre Mandanten, Staatsanwälte die Verurteilten, die sie in Heil- und Pflegeanstalten untergebracht haben. Kostenträger versuchen ihr Geld loszuwerden. Selbst die Geheime Staatspolizei begibt sich – wie erwähnt – auf die Suche. Sie alle erhalten die stereotype Antwort: »Wir wissen nicht, wo die Patienten geblieben sind. Wenden Sie sich an die Gemeinnützige Krankentransport-GmbH in Berlin.«

Der Oberstaatsanwalt beim Landgericht Braunschweig fragt am 28. September 1940 an, ob der am 24. September aus Königslutter hierher überwiesene Julius Grape aus Chemnitz in absehbarer Zeit entlassen werden könne oder ob eine Genesung schon jetzt als ausgeschlossen zu erachten ist.

Der Oberstaatsanwalt beim Landgericht Hannover fragt am 3. Oktober 1940 an, »wo sich der Arbeiter Konrad Kern, geb. am 30.10.1888 in Hannover, gegen den durch Urteil der Strafkammer Hannover vom 27.7.1936 auf Unterbringung in einer Heil- u. Pflegeanstalt erkannt ist, befindet. Kern ist nach Mitteilung der Landes-Heil- und Pflegeanstalt Hildesheim am 25.9.1940 mit anderen Juden in die dortige Anstalt verlegt worden und soll von dort aus in eine andere Anstalt *(für Juden)* überführt worden sein«.

Vormundschaftsgerichtliche Anfragen gehen ein aus Karlsruhe, Hannover, Dülmen, Schmiedeberg i. Riesengeb., Koblenz, Tecklenburg, Einbeck, Gelsenkirchen, Bünde / Westf., Neustadt a. Rbge., Rheine.

Das Erbgesundheitsgericht Koblenz meldet sich am 12. April 1941:

»In der Erbgesundheitssache der Ehefrau Franz Jacob, Ilse geb. Herz aus Dortmund, Moltkestr. 17, geb. am 10.10.1910 in London (England) wird angefragt, ob die Unfruchtbarmachung der Frau Jacob durchgeführt ist oder welche Hindernisgründe entgegenstehen.«

Bürgermeister und Ortspolizeibehörden fragen im Rahmen ihrer Aufgaben bei der Überwachung und der Durchführung von Unterbringungen an, so aus Osnabrück, Braunschweig, Minden, Wuppertal. Besonders hartnäckig ist der Oberbürgermeister von Osnabrück, der sich mit der stereotypen Antwort nicht zufrieden gibt:

»In Ihrem Schreiben teilten Sie mit, daß die Obengenannte aus der Heil- und Pflegeanstalt Osnabrück am 21.9.1940 nach dort und dann in eine jüdische Sammelheilanstalt im Generalgouvernement weiterverlegt wurde. Eine Einweisungsverfügung, die durch Vermittlung ihrer Anstalt Frau Reuter zugestellt werden sollte, wurde als unbestellbar nach hier zurückgesandt.
Ich bitte um baldige Mitteilung, wohin die Reuter verlegt worden ist.«

Die Antwort ist unverändert:

»Die Anschrift der Anstalt, in die die jüdische Kranke Maria Reuter überführt ist, ist mir nicht bekannt. Ich gebe anheim, sich an die Gemeinnützige Krankentransport-GmbH, Berlin W 9, Potsdamer Platz 1, zu wenden, die die Überführung durchgeführt hat.«

Vor allem Anfragen jüdischer Organisationen finden sich bei den Akten: Synagogen-Gemeinden, Wohlfahrtsämter und vor allem Abteilungen und Bezirksstellen der Reichsvereinigung der Juden in Deutschland.

Aus vielen Anfragen der Behörden geht hervor, daß sie von Angehörigen veranlaßt sind, die versuchen, auf diesem Wege Aufschlüsse über das Schicksal der Verschollenen zu erlangen. Vor allem die Schreiben der Vormundschaftsgerichte enthalten nicht selten den Satz: »Der Bruder / Die Schwester / Die Familie haben mich veranlaßt ...«

Auch die Bemühungen von Kostenträgern, Rechtsbeiständen und Vormündern, nichterhaltene Rechnungen für die Unterbringung zu begleichen, sind in vielen Fällen leicht durchschaubare Ansätze, auf diesem Umweg vielleicht doch noch etwas zu erfahren, was auf dem üblichen Wege nicht zu erreichen ist. Vergebens.

»Zielort nicht bekannt«

Die Verlegung von 158 geisteskranken Juden aus Norddeutschland und aus dem westfälischen Raum wird bis ins letzte Detail organisiert. Deutsch, polnisch oder staatenlos und Volljuden sollen sie sein. Juden anderer Staatsangehörigkeit sowie Mischlinge ersten und zweiten Grades sind nicht einzubeziehen. Die Kranken sollen am 21. September 1940 aus ihren »derzeitigen« Unterbringungsanstalten nach Wunstorf überstellt werden. Es wird geregelt, wie sie verpflegt, wie sie untergebracht, mit wieviel Wäsche sie versorgt werden und wer die anfallenden Kosten übernimmt. Es wird festgelegt, daß sie in eine Sammelanstalt verlegt werden sollen und wer den Transport dorthin übernimmt. Aber an keiner Stelle in den Akten taucht der Bestimmungsort auf. Niemand stellt eine Frage.

Es scheint zunächst eine Sprachregelung zu geben, daß Berlin der Zielort des Transportes sei. Was danach komme, wisse man nicht. Danach heißt es, das Generalgouvernement sei das Ziel. Auch das scheint eine Sprachregelung zu sein, die auf Hörensagen oder auf mündlichen Informationen beruht. Die Dokumente geben zunächst auch darüber keinen Aufschluß. Alle möglichen Menschen wurden damals ins Generalgouvernement umgesiedelt – auch deutsche Bauern, die den fruchtbaren Boden der Provinz Posen beackern und für die deutsche Autarkie sorgen sollen.

Die Krankentransportgesellschaft führt die Verlegung durch. Die Korrespondenz mit dieser läßt keine Einzelheit offen. Selbst eine Quittung über drei Uhren von Patienten und ein Betrag von 3,83 RM, die dem Patienten Binges aus Osnabrück gehören, ist abgeheftet. Aber über den Zielort schweigen auch diese Dokumente sich aus. Nach vollzogener Verlegung fordert die Gemeinnützige Krankentransport-GmbH noch Krankenunterlagen von Patienten an. Diese sind nach Berlin an die Adresse der GmbH zu schicken. Der derzeitige Aufenthalt der Kranken wird nicht mitgeteilt. Immerhin spricht die Suche nach den Krankengeschichten dafür, daß die Patienten noch leben. Bezeichnenderweise erfolgt der erste konkrete Fingerzeig über den Verbleib der Kranken durch die Gemeinnützige Krankentransport-GmbH am 28. Februar 1941 im Zusammenhang mit der Kostenregelung:

»Wir haben es übernommen, für die durch uns ins Generalgouvernement verlegten jüdischen Kranken den Aufnahmeanstalten den bisher für jeden Kranken zuständigen Kostenträger mitzuteilen. Nach unseren Unterlagen sind aus ihrer Anstalt die auf beiliegender Liste verzeichneten Kranken verlegt worden.
Wir bitten nun, auf dem Verzeichnis den Kostenträger und gegebenenfalls dessen Aktenzeichen genau anzugeben. Die erbetenen Angaben werden sich aus ihren Kassenbüchern sicher noch ohne weiteres feststellen lassen. Außerdem bitten wir zu vermerken, welcher tägliche Pflegesatz zuletzt in Rechnung gestellt wurde. Sollte der Pflegesatz bei einzelnen Kranken verschieden gewesen sein, müßte er allerdings für jeden Einzelfall angegeben werden.

Da die Anstalten wegen des bevorstehenden Jahresabschlusses sehr auf Erledigung drängen, wären wir dankbar, wenn Sie uns die beigefügte Liste möglichst bald ausgefüllt zurücksenden würden.
Heil Hitler!«

Das Aktenzeichen dieses Schreibens lautet: Be/Kr. 11/f. (Ch.). Möglicherweise steht dieses Ch. für die Anstalt Cholm im Generalgouvernement Posen. Unbeschadet dieser Tatsache erfolgt die erste Mitteilung, die Kranken seien in eine jüdische Sammelanstalt im Generalgouvernement verlegt worden, von seiten des Krankenhauses bereits am 28. September 1940 im Antwortbrief des stellvertretenden Direktors an die Witwe Erna Weber aus Siegen, sie sich nach dem Schicksal ihrer beiden Söhne erkundigt. In den ersten Wochen nach der Verlegung empfiehlt die Anstalt in den Briefen an Angehörige und Behörden:

»Die Anschrift der Anstalt können Sie von der Bezirksstelle Hannover der Reichsvereinigung der Juden in Deutschland erfahren.«

Aber dem ist nicht so. Der Reichsvereinigung ist der Zielort nicht bekannt. Schließlich wendet die Heilanstalt sich am 16. Oktober 1940 an die Gemeinnützige Krankentransport-GmbH:

»Von den Angehörigen der seinerzeit hier vorübergehend aufgenommenen jüdischen Kranken gehen mir täglich Anfragen zu über den Verbleib der betreffenden Kranken. Bisher war es mir nicht möglich, diese Anfragen in befriedigender Weise zu beantworten. Um diesen Schriftwechsel nach Möglichkeit beendigen zu können, bitte ich, mir mitzuteilen, in welche Anstalt die Kranken von dort aus überführt sind.«

Die Krankentransportgesellschaft weicht aus:

»Auf ihre Zuschrift von 17. d.Mts. – Gesch.-Z.: 407304 – ersuche ich Sie, alle Anfragen, die Sie von Angehörigen der jüdischen Kranken, die vorübergehend in Wunstorf waren, bei Ihnen eintreffen, an mich an die obige Adresse zu senden. – Heil Hitler.«

Dieser Rat bringt den Angehörigen keinesfalls Aufklärung. Aus der Korrespondenz der Anstalt mit den Angehörigen der deportierten Kranken wissen wir, daß die Gemeinnützige Krankentransportgesellschaft Anfragen nicht beantwortet. Plötzlich, am 10. Dezember 1940, ergeben sich neue Gesichtspunkte. Bei den Akten findet sich ein Schreiben der Anstalt an die Bezirksstelle Hannover der Reichsvereinigung der Juden in Deutschland:

»Zur Beantwortung einer hier vorliegenden Anfrage bitte ich um Mitteilung, ob dort inzwischen bekannt geworden ist, in welche Anstalt die seinerzeit zur Zusammenstellung eines Sammeltransportes hier aufgenommenen jüdischen Geisteskranken überführt sind.«

Sechs Tage danach weicht die Antwort auf einen Brief von F. Koppel in Loosdrecht/Holland erstmals vom stereotypen Text vergangener Monate ab:

»Auf Ihre Anfrage teile ich Ihnen mit, daß die seinerzeit hier aufgenommenen jüdischen Geisteskranken bereits am 27.9. weitertransportiert sind. Wie mir bekanntgeworden ist, soll der größte Teil der Kranken in die Heil- und Pflegeanstalt Cholm bei Lublin, Post Lublin, Postfach 822 überführt sein. Ich gebe anheim, sich an diese Anstalt zu wenden. Sollte sich die Kranke in dieser Anstalt nicht befinden, so müßten Sie sich an die Gemeinnützige Krankentransport-GmbH, Berlin W 9, Potsdamer Platz 1 wenden, die seinerzeit den Transport durchgeführt hat.«

Allerdings wird diese neue Information offenbar nur ausgewählten Angehörigen (und ausgewählten Behörden) mitgeteilt. Dem Landrat von Neustadt/Rbge. beispielsweise wird sie noch am 23. Dezember vorenthalten. Herr Rechtsanwalt Dr. Alfred Winter, der die Interessen seiner Mandantin, der Krankenschwester Paula Bernhard aus Potsdam / Babelsberg, nachdrücklich vertritt (vgl. S. 50/51), erhält zusätzliche Auskünfte:

»Ich empfehle, sich zunächst mit der genannten Transportgesellschaft in Verbindung zu setzen. Sollte dieser Versuch negativ verlaufen, ist es ratsam, sich an den Herrn RMdI zu wenden. Ich nehme an, daß auf diesem Wege der jetzige Aufenthalt der Witwe Bernhard festzustellen ist.

Wie mir heute die Bezirksstelle Hannover der Reichsvereinigung der Juden in Deutschland mitteilt, sollen die Geisteskranken des Distrikts Lublin inzwischen in folgende Anstalten weiterverlegt worden sein:
– Gkobierzyn bei Krakau und
– Pruschkow bei Warschau.
Ob sich aber Frau Bernhard unter diesen Kranken befindet, kann ich natürlich nicht angeben.
Von dem Ergebnis Ihrer Feststellungen erbitte ich mir kurz Nachricht geben zu wollen.«

Es scheint so, als sei die Anstalt mit den offiziellen Informationen von seiten ihrer vorgesetzten Dienststellen und ihrer Kontaktbehörden nicht mehr zufrieden. Sie versucht inzwischen auf indirektem Wege über Rechtsvertreter verlegter Patienten und über die Reichsvereinigung unmittelbar an zusätzliche Informationen zu gelangen. Die Reichsvereinigung gelangt offenbar nur zufällig an solche Informationen. Sie schreibt der Anstalt mit Datum vom 27. Dezember 1940:

»Zu Ihrer Orientierung teilen wir Ihnen mit, daß gelegentlich eines Einzelfalles folgende Mitteilung des Chefs des Distrikts Lublin im Generalgouvernement zur Kenntnis unserer Zentrale gelangte: ,,Die Geisteskranken des Distrikts Lublin werden in die Anstalten Gkobierzyn bei Krakau und Pruschkow bei Warschau verlegt.'' Wir sind nicht im Bilde, welche jüdischen Geisteskranken in diese Anstalten gebracht sind. Sollten Sie etwas darüber in Erfahrung bringen, wären wir Ihnen für Benachrichtigung dankbar.«

Im gesamten Briefwechsel werden die näheren Hinweise über den möglichen Aufenthalt nur an drei Adressen gesandt: an Angehörige oder deren Rechtsvertreter , die besonders dringliche Anliegen haben. Besonders auffällig ist, daß insbesondere Behörden – einschließlich Erbgesundheitsgericht und Oberfinanzdirektion – weiterhin beharrlich an die Gemeinnützige Krankentransport-GmbH verwiesen werden. Die Bezirksstelle Hannover der Reichsvereinigung der Juden in Deutschland antwortet auf das Schreiben der Pflegeanstalt vom 10. Dezember 1940:

»Auf Ihre Anfrage vom 10. d. M. teilen wir Ihnen mit, daß uns bis jetzt nichts Näheres über den Verbleib der abtransportierten jüdischen Geisteskranken bekannt geworden ist. Wir haben lediglich durch das Reichsinnenministerium erfahren, daß ein Teil der Geisteskranken in die Heil- und Pflegeanstalt Cholm b. Lublin, Post Lublin, Postschließfach 822, verlegt worden ist.
Wir haben die bei uns nachfragenden Angehörigen verschiedentlich auf diese Adresse hingewiesen, bis jetzt aber außer der Tatsache, daß die Anfragen mit dem Vermerk, daß die Anstalt geschlossen sei, zurückgekommen sind, nichts erfahren. Darauf hat das Reichsinnenministerium aber erneut mitgeteilt, daß es sich um einen Postirrtum handeln müsse und daß die Anstalt noch bestehe.
Wir bitten, den Nachfragenden diese Adresse bekanntgeben zu wollen.«

Tatsächlich fragt das Krankenhaus wenige Tage später in Cholm bei Lublin an, ob sich die jüdische kranke Frau Thea Koppel jetzt dort in der Anstalt befindet. Sie erhält auch eine Antwort mit dem Datum vom 8. Mai 1941:

»... teilen wir Ihnen mit, daß die Patientin Thea Sara Koppel hier am 7.4.1941 infolge von Fleckfieber verstorben ist.«

(Vgl. Abb.)

Irrenanstalt Cholm, Post Lublin

Sprechstunde und Besuche nur nach vorheriger Anmeldung

Gesch.-Z.: X 153o ith
(Ohne Angabe dieses Geschäftszeichens können Zuschriften nicht beantwortet werden.)

Cholm, den 8.5.41
Post Lublin
Postschließfach 822

13. MAI 1941

An die
Landes-Heil- und Pflegeanstalt

W u n s t o r f

Betr.: Ihr Zch. 4o 73 04

Auf Ihr Schreiben vom 16.12.4o teilen wir Ihnen mit, dass die Patientin Lea Sara [redacted] hier am 7.4.41 infolge von Fleckfieber verstorben ist.

Die Akten geben Aufschluß über das Schicksal einer weiteren Patientin. Am 22. Dezember 1941 forscht das Nachlaßgericht Karlsruhe in Wunstorf nach, »ob aus den dortigen Akten hervorgeht, wo Erblasserin vor Verbringung in die Anstalt ihren letzten Wohnsitz hatte«. Es geht dort um den Nachlaß der Frieda Maria S. Kraut, gestorben am 25. April 1941 in der Anstalt Cholm.

Es gehört nur wenig Phantasie dazu, sich vorzustellen, was 1941 mit den übrigen Patienten geschehen ist. Vielleicht ist auch dieses Schreiben vom Direktor der Provinzialheilanstalt Münster, vom 30. Januar 1941, ein Hinweis:

»Ich bitte um Mitteilung, ob für die am 21.9.1940 nach dort überführten Kranken Anni Hammer, Lisa Heim, Luise Klaff und Rudi Mann die Kleiderkarten benötigt werden, andernfalls wir diese an das hiesige Wirtschaftsamt zurückgeben werden.«

Die Kleiderkarten wurden nicht benötigt.

In Wirklichkeit gab es die Anstalt Cholm bei Lublin überhaupt nicht. F. K. Kaul (1973, 1977) berichtet, daß die jüdischen Kranken in das alte Brandenburger Zuchthaus transportiert und dort vergast wurden. Die »Anstalt Cholm« war nichts als eine Täuschung. Das Standesamt Cholm, das die Sterbeurkunden ausstellte, befand sich im Berliner Kolumbus-Haus am Potsdamer Platz. Hier wurden getarnte Trostbriefe für die Angehörigen der ermordeten Juden und gefälschte Sterbeurkunden der Ermordeten hergestellt.

»Diese Urkunden trugen die Firmierung Standesamt Cholm oder Cholm 2. Die herausgehende Post wurde mit dem Absendevermerk versehen: Irrenanstalt Cholm, Post Lublin. Um die Täuschung vollständig zu machen, wurde ein Kurierdienst eingerichtet, durch den die Briefsendungen nach Lublin gebracht und dort zur Post gegeben wurden.«

Planwirtschaftliche Verlegungen: »... ausschließlich auf besondere Weisung von Regierungsstellen«

Die eigentliche Euthanasie-Aktion in Wunstorf wurde längerfristig vorbereitet. Sie lief mit der gleichen Unerbittlichkeit ab wie die Judenaktion. Die Kranken wurden zunächst auf eigens dafür geschaffenen Fragebögen »planwirtschaftlich erfaßt«. Offenbar zeigten die Mitarbeiter des Krankenhauses dabei nicht den gewünschten Eifer. Der Leiter der Reichsarbeitsgemeinschaft Heil- und Pflegeanstalten sah sich im Laufe des Jahres 1941 veranlaßt, zwei fremde Ärzte zur Unterstützung bei der Erfassung der Patienten zu schicken. Die ersten Patienten wurden am 20. und 21. April 1941 in Richtung Hadamar abtransportiert. Sieben Wochen später waren alle tot. Zwei weitere Transporte erfolgten im Juli und im August 1941. Über das Schicksal dieser Kranken ist nur wenig bekannt. Ein Teil von ihnen machte eine Irrfahrt durch verschiedene Anstalten im hessischen und süddeutschen Raum. Viele von ihnen sind offenbar verstorben. In eine Vergasungsaktion scheinen sie jedoch nicht einbezogen worden zu sein.

Anfang 1948 zieht die Krankenhausleitung folgende Zwischenbilanz:

»Planwirtschaftliche Verlegungen erfolgten infolge kriegswirtschaftlicher Maßnahmen auf Anordnung des Reichsverteidigungskommissars.
Eingeleitet wurden diese Maßnahmen durch Ausfüllung von Meldebogen über jeden einzelnen Kranken, die Aufschluß gaben über Art und Dauer der Erkrankung, Heilungsaussichten, Art der Beschädigung, Anschriften der Angehörigen, regelmäßige Besuche von Angehörigen.
Kleidungsstücke und Wertgegenstände mußten mitgegeben werden.
Auf eine Anfrage des Min. f. Arbeit, Aufbau u. Gesundheit v. 2.2.1948 teilte die hiesige Anstalt folgendes auf gestellte Fragen mit:

1.	Verlegt wurden im ganzen?	212 Kranke
2.	Davon eines natürlichen Todes verstorben?	unbekannt
3.	Wieviele unnatürlichen Todes?	unbekannt
4.	Bei wievielen ist die Todesursache zweifelhaft?	95
5.	Bei wievielen ist das Schicksal unbekannt?	115
6.	Wieviele von den Pat. leben noch?	2 Pat.

Es ist anzunehmen, daß ein Teil von den unter 5. aufgeführten Personen ebenfalls noch lebt.
Die Verlegungen fanden ausschließlich auf besondere Anweisung von Regierungsstellen statt.«

Die Erfassung

Recht unvermittelt ordnet der Reichsminister des Innern mit Erlaß vom 14. Juni 1940 die »planwirtschaftliche Erfassung« der Heil- und Pflegeanstalten an. Der Erlaß geht unmittelbar an den Leiter der Heil- und Pflegeanstalt. Er nimmt nicht den Dienstweg über den Krankenhausträger, das Oberpräsidium der Provinz Hannover. Weder aus dem Erlaß noch aus den beigefügten Fragebogen und den Erläuterungen ist zu entnehmen, worum es bei der Erfassung geht. Planwirtschaft klingt nach Kriegswirtschaft. Es ist einleuchtend, daß ein Land im Krieg zusätzliche Lazarettbetten benötigt. Dazu bieten sich Heil- und Pflegeanstalten auf dem Lande, abseits von großen Städten, geradezu an. Sowohl der Text des Erlasses wie jener der Meldebogen ist unter Berücksichtigung der Umstände der Zeit unverfänglich. Man ist gewohnt, statistische Anfragen zu beantworten. Man ist gewohnt, Patienten zu erfassen, zu »verkarten«, wie etwa zum Zwecke der Erbbiologie.

Der Meldebogen ist im Lauf der Jahre mehrfach verändert worden. Die hier abgedruckte Fassung gilt im November 1942. Frühere Fassungen enthalten die Frage, ob der Betroffene Kriegsteilnehmer sei, ebensowenig wie die nach Kriegsbeschädigungen oder nach der Art von Kriegsbeschädigungen. Eine spätere Korrektur kommt hinzu:

»Meldebogenberichtigung: Bei den jetzt gültigen Meldebogen ist der Vermerk „Kriegsteilnehmer: Ja – Nein" in Fortfall gekommen und dafür die Frage: „Wehrdienst, wann? 1914–18 oder ab 1.9.1939?" gesetzt worden. Bei etwa noch vorhandenen Meldebogen, bei denen diese Änderung noch nicht vorgenommen ist, muß dieses nachgeholt und die Frage entsprechend beantwortet werden. Für den Fall, daß kein Wehrdienst in der angegebenen Zeit geleistet wurde, ist die Frage unbedingt mit „Nein" zu beantworten.«

Besondere Aufmerksamkeit wird auch dem Arbeitseinsatz der Kranken gewidmet. In einem Ergänzungsblatt zum Meldebogen heißt es:

»Unter genauer Angabe der Beschäftigung ist die Arbeitsleistung anzugeben, die der Kranke in der Anstalt verrichtet. Bei Kranken, deren Arbeitsleistung als gut oder sehr gut bezeichnet wird, soll auch ersichtlich sein, warum eine Entlassung nicht in Frage kommt. Sofern Patienten höherer Ver-

---

Die entsprechenden Dokumente sind hier als Abbildungen der Originale wiedergegeben:

Der Reichsminister des Innern — Berlin, den 14.6.1940

IV g 6166/40
5100

Es wird gebeten, dieses Geschäftszeichen und den Gegenstand bei weiteren Schreiben anzugeben.

NW 7, Unter den Linden 72
Fernsprecher: 12 00 34
Drahtanschrift: Reichsinnenminister.

Landes- ... Pflegeanstalt Wunstorf
Eing. -4. JULI 1940
Nr. 40.10.07

An
den Leiter der **Landes-Heil-u.Pflegeanstalt in Wunstorf**

– oder Vertreter im Amt –

in **Wunstorf b. Hannover**

1 Meldebogen 2
700 Meldebogen 1
1 Merkblatt

Im Hinblick auf die Notwendigkeit planwirtschaftlicher Erfassung der Heil- und Pflegeanstalten ersuche ich Sie, die anliegenden Meldebogen umgehend nach Maßgabe des beiliegenden Merkblattes auszufüllen und an mich zurückzusenden. Falls Sie nicht selbst Arzt sind, sind die Meldebogen für die einzelnen Kranken durch den leitenden Arzt auszufüllen. Die Ausfüllung der Fragebogen soll möglichst mit Schreibmaschine erfolgen.

Den gelben Fragebogen 2 bitte ich möglichst umgehend ausgefüllt zurückzusenden. Die Meldebogen 1 für die einzelnen Kranken können zur Beschleunigung der Bearbeitung in mehreren Teilsendungen hierher zur Absendung gelangen. Die letzte Sendung muß jedoch auf alle Fälle spätestens am 1.8.1940 .... im hiesigen Ministerium eingegangen sein. Ich behalte mir vor, gegebenenfalls noch an Ort und Stelle durch meine Beauftragten weitere Erhebungen anstellen zu lassen.

Falls Kranke, die nach dem Meldebogen 1 gemeldet worden sind, später in andere Anstalten verlegt werden, sind mir die Namen der Betreffenden – zweckmäßigerweise in Listenform – in Zeitabständen unter Angabe der neuen Anstalt mitzuteilen.

In Vertretung
gez. Dr. Conti.

Beglaubigt:
Min.Kanzl.Obersekr.

(Siegel: Reichsministerium des Innern)

Verlegungs-Mitteilungen in doppelter Ausfertigung mit Namen, Vornamen, Geburtsort- und Datum.

pflegungsklassen usw. keine Arbeit verrichten, obwohl sie an und für sich dazu in der Lage wären, ist dies besonders zu vermerken.«

Der *Meldebogen 2*, der das Krankenhaus betrifft, vermittelt einen *Überblick über die Situation der Anstalt* im Jahre 1940:

Meldebogen 1

Lfde. Nr. ....

Ist mit Schreibmaschine auszufüllen!

Name der Anstalt: ....

in: ....

Vor- und Zuname des Patienten: Gustav [redacted] geborene: -

Geburtsdatum: 3.1.1911 Ort: Lichtenmoor Kreis: Nienburg/W.

Letzter Wohnort: Nienburg /W. Kreis: dto.

ledig, verh., verw. od. gesch.: ledig Konf.: luth. Rasse[1]) arisch Staatsang.: D.R.

Anschrift d. nächsten Angeh.: Bruder: Karl [redacted], Lichtenmoor Nr. 18
Kr. Nienburg/W.

Regelmäßig Besuch und von wem (Anschrift): keiner

Vormund oder Pfleger (Name, Anschrift): /

Kostenträger: LFV Hannover Seit wann in dortiger Anst.: 2.1.1941

In anderen Anstalten gewesen, wo und wielange: ....

Seit wann krank: Anfang 1931 Woher und wann eingeliefert: 2.1.41 von Nienburg

Zwilling ja/nein: nein Geisteskranke Blutsverwandte: keine

Diagnose: Schizophrenie.

Hauptsymptome: Gedankliche Zerfahrenheit, Autismus, Beziehungsideen

Vorwiegend bettlägerig? ja/nein: nein sehr unruhig? ja/nein: nein in festem Haus? ja/nein: nein

Körperl. unheilb. Leiden: ja/nein: nein Kriegsbeschäd.: ja/nein: nein

Bei Schizophrenie: Frischfall .... Endzustand .... gut remittierend ....

Bei Schwachsinn. debil: .... imbezill: .... Idiot: ....

Bei Epilepsie: psych. verändert .... durchschnittliche Häufigkeit der Anfälle ....

Bei senilen Erkrankungen: stärker verwirrt .... unsauber ....

Therapie (Insulin, Cardiazol, Malaria, Salvarsan usw.): — Dauererfolg: ja/nein: —

Eingewiesen auf Grund § 51, § 42b StrGB. usw. ./. durch: ./.

Delikt: ./. Frühere Straftaten: ./.

Art der Beschäftigung: (Genaueste Bezeichnung der Arbeit und der Arbeitsleistung, z. B. Feldarbeit, leistet nicht viel. — Schlosserei, guter Facharbeiter. — Keine unbestimmten Angaben, wie Hausarbeit, sondern eindeutige: Zimmerreinigung usw. Auch immer angeben, ob dauernd, häufig oder nur zeitweise beschäftigt.)

Wegen Krankheit nicht beschäftigt.

Ist mit Entlassung demnächst zu rechnen: Am 18.7.1941 nach Lüneburg verlegt.

Bemerkungen: ....

Dieser Raum ist freizulassen.

Wunstorf Ort, Datum 15.7.41

i. V. [illegible]

(Unterschrift des ärztlichen Leiters oder seines Vertreters)

[1]) Deutschen oder artverwandten Blutes (deutschblütig), Jude, jüdischer Mischling I. oder II. Grades, Neger (Mischling), Zigeuner (-Mischling) usw.

8028 40 20

»Flächengröße des Gesamtareals in ha: *Anstalt 14,72 ha, Landw. 57,48 ha, Pachtl. 2,15 ha*
Bausystem: *Halboffene Bauweise*
Sonderhäuser bzw. Sonderabteilung f. Kriminelle: *nein*

Merkblatt

<u>Bei Ausfüllung der Meldebogen zu beachten!</u>

Zu melden sind sämtliche Patienten, die

1. an nachstehenden Krankheiten leiden und in den Anstaltsbetrieben nicht oder nur mit mechanischen Arbeiten (Zupfen u. ä.) zu beschäftigen sind:

   Schizophrenie,
   Epilepsie (wenn exogen, Kriegsdienstbeschädigung oder andere Ursachen angeben),
   senile Erkrankungen,
   Therapie-refraktäre Paralyse und andere Lues-Erkrankungen,
   Schwachsinn jeder Ursache,
   Encephalitis,
   Huntington und andere neurologische Endzustände;

   oder

2. sich seit mindestens 5 Jahren dauernd in Anstalten befinden;

   oder

3. als kriminelle Geisteskranke verwahrt sind;

   oder

4. nicht die deutsche Staatsangehörigkeit besitzen oder nicht deutschen oder artverwandten Blutes sind unter Angabe von Rasse*) und Staatsangehörigkeit.

Die für jeden Patienten einzeln auszufüllenden Meldeblätter sind mit laufenden Nummern zu versehen.

Die Meldebogen sind nach Möglichkeit mit Schreibmaschine auszufüllen.

Als Stichtag gilt der 1. Juli 1940

*) Deutschen oder artverwandten Blutes (deutschblütig), Jude, jüdischer Mischling I. oder II. Grades, Neger, Negermischling, Zigeuner, Zigeunermischling usw.

● 7333 39 2 C

Besitzer oder Träger der Anstalt: *Provinzialverband Hannover*
Höhe des Jahresetats: *rd. 700 000 RM*
Davon Zuschüsse in Höhe von RM: *keine*
Gesamtzahl der vorhandenen Krankenbetten: *767*

Krankenbestand am Stichtag: *689*
Davon: *Juden 7*
Davon: *Kriminelle Geisteskranke oder -schwache 50*
Sind Teile der Anstalt zur Zeit anderen Zwecken zugeführt: *ja, 1 Abteilung mit 60 Betten f. Reservelazarett*
Vor- und Zuname des Anstaltsleiters: *Ltd. Ob.-Med.-Rat Dr. N. (zum Militärdienst einberufen)*
Vor- und Zuname des leitenden Arztes: *derselbe*
Planmäßige Zahl der Ärzte: *männl. 4, weibl. –*
Planmäßige Zahl des Pflegepersonals: *männl. 71, weibl. 25*
Zahl der Arzte am Stichtag: *männl. 4 (davon 2 zum Heeresdienst einberufen), weibl. –*
Zahl des Pflegepersonals a. Stichtag: *männl. 67 (davon 29 zum Heeresdienst einberufen) weibl. 24*
Welcher Organisation gehört das Pflegepersonal an? *RD u. DAF*
Planmäßige Zahl d. sonstigen Personals: *männl. 31, weibl. 14*
Zahl d. sonst. Personals am Stichtag: *männl. 31 (davon 7 zum Heeresdienst einberufen), weibl. 14.*«

Die Aufforderung, die Kranken zu erfassen, löst bei den betroffenen Anstalten wenig Begeisterung aus. Sie reagieren zumindest hinhaltend. Der Oberpräsident sieht sich am 11. Juli 1940 veranlaßt, dem Herrn Reichsminister des Innern mitzuteilen, daß die Fristen nicht einzuhalten sind:

»Zu meinem Bedauern bin ich nicht in der Lage, die Anstaltsleiter anzuweisen, die Meldebogen bis zum 1. August 1940 auszufüllen, da es ausgeschlossen ist, innerhalb der gestellten kurzen Frist die Fragebogen ordnungsmäßig auszufüllen.
Die Gründe sind folgende:
1. Der Erlaß vom 14.6.1940 ist bei mir am 3.7.1940, bei den Anstalten zum Teil noch später, in Hildesheim z.B. am 8.7.1940, eingegangen. Für die Durchführung der angeordneten Arbeit stehen daher nur etwa 3 Wochen zur Verfügung, also die gleiche Zeit, die für die Übermittlung des Erlasses an die Anstalten erforderlich gewesen ist. Vielleicht könnte diese Arbeit in 3 Wochen ordnungsmäßig in Friedenszeiten, nicht aber unter den jetzigen Kriegsverhältnissen erledigt werden. Ich bitte, dabei folgendes zu berücksichtigen:
Aufgrund des Führer-Erlasses vom 28.8.1939, wonach nur kriegswichtige Arbeiten durchgeführt werden dürfen, habe ich geglaubt, in den Heil- und Pflegeanstalten nur den laufenden Betrieb fortführen zu sollen und nicht damit gerechnet, daß größere organisatorische Arbeiten anfallen würden. Dem habe ich auch bei der Einberufung des wehrpflichtigen Teils des Personals Rechnung getragen, so daß ein sehr großer Teil gerade des tüchtigen Personals eingezogen ist. Beispielsweise sind in den Heil- und Pflegeanstalten von 33 planmäßigen Arztstellen einschl. Direktoren z.Z. nur 14 Stellen besetzt, einschl. eines weiblichen Arztes.
Bei dem männlichen Pflegepersonal sind von 389 Planstellen 250 besetzt, darunter 10 mit wieder eingezogenen pensionierten Pflegern und uneingear-

beitetem Hilfspersonal. Ärzte und Pfleger sind aber gerade diejenigen Personen, die das Material für die Ausfüllung der Fragebogen geben müssen. Dieses Personal reicht kaum für die laufenden Arbeiten aus. Es macht schon ständig Überarbeiten und die vorgeschriebene nachträgliche Gewährung des Resturlaubs 1939 bis zum 1. Oktober ist ohnehin kaum durchzuführen. Wenn ich ferner berücksichtige, daß in den meisten Anstalten in der letzten Zeit 1 bis 2 Nachtstunden infolge von Luftangriffen für die Nachtruhe ausgefallen sind, so komme ich zu dem Ergebnis, daß die Anspannung des Personals zur Ausfüllung der Meldebogen über die normale Arbeitszeit hinaus ihre Grenzen hat, zumal es sich um den typischen Urlaubsmonat Juli handelt.

2. Die Ausfüllung der Meldebogen kann bei den meisten Fragen nicht aus den Angaben der Kartei erfolgen, sondern erfordert in fast allen Fällen Heranschaffung und Studium der Akten. Ich bitte daher, sich mit folgendem einverstanden zu erklären:

a) Der Meldebogen 2 wird, wie verfügt, sofort ausgefüllt.
b) Zum 1.9. werden die Meldebogen 1 eingesandt, die bis dahin fertig sind, der Rest zum 15.9.«

Mit gleichem Datum nimmt er gegenüber dem Reichsminister des Innern auch inhaltlich Stellung:

»Zum Zweck einer einheitlichen Ausstellung der Fragebogen bitte ich um Verfügung, ob meine Auffassung über die Ausfüllung einzelner Fragen der Meldebogen richtig ist. Um keine Zeit zu verlieren, habe ich sie den Anstalten vorläufig bis auf Widerruf vorgeschlagen.

Zum grünen Merkblatt: Ziffer 1) Zu den Kranken, die nur mit mechanischen Arbeiten zu beschäftigen sind, rechnen nur diejenigen, die anders als mit mechanischen Arbeiten nicht beschäftigt werden können. Wer also aus irgendeinem Grund eine mechanische Arbeit verrichtet, aber an sich auch eine nicht-mechanische Arbeit machen könnte, ist nicht zu melden.
Zu den mechanischen Arbeiten rechnen nicht solche, die von Kranken regelmäßig in täglich mindestens 4-stündiger Beschäftigung in besonderen Arbeitsabteilungen in wirtschaftlich wertvoller Weise erledigt werden, wie z.B. Anfertigen von Kartonagen, Tüten, Matten und dergleichen Arbeiten, bei denen es auf die Genauigkeit des Arbeitsergebnisses ankommt und eine gewisse Geschicklichkeit nötig ist. Ebensowenig gehören hierhin die Arbeiten in Haushalt und Küche, wie z.B. Kartoffelschälen und Gemüseputzen. Zu den mechanischen Arbeiten zu rechnen sind nur solche, die keinerlei Geschicklichkeit erfordern, wie Zupfen, Sortieren von Lumpen und Papier, Erbsenauslesen und dergleichen.
Zu Ziffer 3) Mit den kriminell Geisteskranken gemeint sind nicht nur Kranke, die vom Gericht gemäß § 42 b oder c (RStGB) überwiesen sind, sondern auch solche, die durch die Polizei oder die Fürsorgeverbände überwiesen sind, die erhebliche Straftaten begangen haben, wenn sie wegen Zurechnungsunfähigkeit freigesprochen oder strafrechtlich überhaupt nicht verfolgt sind. Nicht zu den kriminell Kranken sind solche zu rechnen, die von der Justiz zur Beobachtung auf ihren Geisteszustand überwiesen sind.

Zu Meldebogen 1: Zur Frage „Seit wann in dortiger Anstalt": Hier ist der letzte Aufenthalt zu vermerken. Frühere Aufenthalte in derselben eigenen Anstalt sind dahinter mit Angabe der Aufenthaltsdauer zu notieren.
Zur Frage „Bei Schizophrenie": Unter „Frischfall" ist auch ein wiederholter Schub, der zur erneuten Aufnahme geführt hat, zu verstehen. Dabei ist zu vermerken, um den wievielten Schub es sich hier handelt.«

Der Reichsminister des Innern stimmt der Fristverlängerung zu. Ansonsten erhebt er in einem Erlaß vom 26. Juli 1940 Einwände:

»Mit der von Ihnen vorgeschlagenen Einschränkung des Begriffs der mechanischen Arbeiten kann ich mich nicht einverstanden erklären. Es sind eher zuviel als zu wenig Kranke zu melden. Die Aussortierung erfolgt hier nach einheitlichen Grundsätzen. Im Zweifelsfall kann das Ausmaß und die Beschränkung der Arbeitsleistung angegeben werden, worauf überhaupt großer Wert zu legen ist. Kartoffelschälen und Gemüseputzen, Anfertigungen von einfachen Kartonagen, Tüten und Matten usw. sind als mechanische Arbeiten anzusehen.«

Dr. Linden, der für diesen Brief verantwortlich zeichnet, weist darauf hin, daß im Einzelfall auch Fragen unbeantwortet bleiben können. Vollständigkeit ist nicht zwingend. Die Erfassung möglichst vieler Kranker ist erwünscht. Dabei kommt es offenbar auf Einzelheiten nicht so an. Dennoch läßt der Eifer der Betroffenen bei der Erfassung der Kranken offenbar zu wünschen übrig. Am 15. Oktober 1940 mahnt der Oberpräsident:

»Ich nehme Bezug auf meine Verfügung vom 24.8.1940 – 40 10 07 – betr. Ausfüllung von Fragebogen für den Reichsminister des Innern und ersuche um *umgehende* Erledigung.
Als Termin für die Beantwortung hatte ich den 15.9.1940 festgesetzt.«

Am 25. Oktober mahnt er noch einmal:

»Ich ersuche nochmals um umgehende Erledigung meiner Verfügung vom 24. August d.J. ...«

Endlich am 29. Oktober 1940 kommt die Vollzugsmeldung:

»Insgesamt 322 Fragebogen sind ausgefüllt und dem Reichsminister des Innern zugeleitet worden; 258 Männer und 64 Frauen. Die Kranken litten an folgenden Störungen:
a) Schizophrenie,
b) Epilepsie,
c) senile Erkrankungen,
d) Paralyse und andere Lues-Erkrankungen,
e) Schwachsinn,
f) Encephalitis,
g) Huntington u. a. neurol. Endzustände.«

Unerwünschte Unterstützung aus Berlin

Es scheint, als sei der Leiter der Reichsarbeitsgemeinschaft Heil- und Pflegeanstalten mit dem Ergebnis der Meldebogen-Aktion in der Landes-Heil- und Pflegeanstalt Wunstorf unzufrieden gewesen. Er kündigt dem Oberpräsidenten am 18. Mai 1941 Kontrolluntersuchungen durch eigene Ärzte an:

»Herr Obermedizinalrat Dr. Steinmeier, Direktor der Landes-Heilanstalt Niedermarsberg, und Herr Dr. Munkwitz von der Universitätsnervenklinik Würzburg sind von mir beauftragt, Krankenuntersuchungen in der Anstalt Wunstorf durchzuführen, welche Ende dieser oder Anfang nächster Woche beginnen sollen. Ich darf Sie bitten, die Anstalt Wunstorf davon in Kenntnis zu setzen, damit die Herren dort Zutritt erlangen und das nötige Entgegenkommen genießen.
Heil Hitler!«

Der Bericht der Landes-Heil- und Pflegeanstalt vom 3. Juli 1941 an den Oberpräsidenten läßt erkennen, daß es mit dem Entgegenkommen und der gegenseitigen Sympathie nicht weit her gewesen sein kann:

»Die beiden vom Leiter der R.A.G. Heil- und Pflegeanstalten angekündigten Ärzte haben sich am 26. und 27. v. M. in der hiesigen Anstalt aufgehalten. Sie interessierten sich lediglich für die bisher listenmäßig noch *nicht* erfaßten Patienten und haben anhand der ihnen dazu verfügbar gemachten Aufnahmeunterlagen und Krankengeschichten die in Betracht kommenden Meldebogen dann selbst ausgefüllt. Das Ergebnis ihrer Untersuchungen ist im einzelnen hier nicht bekannt, da die Bearbeiter die Meldebogen nicht aus den Händen gegeben und mitgenommen haben. Nach den mir von ihnen gemachten Angaben soll neuerdings die Ausfüllung der Meldebogen für alle psychischen Kranken ohne die seinerzeit im grünen Merkblatt gemachten Einschränkungen erfolgen. Soweit ich nach den Angaben des bei den Untersuchungen beteiligten Oberpflegepersonals feststellen konnte, sind auf der *Frauen*seite sämtliche bisher noch nicht gemeldeten Kranken erfaßt worden, sowohl die der Geisteskranken- als auch die der Allgem.-Abtlg. Auf der *Männer*seite scheinen aber – offenbar irrtümlicherweise – die in einem Gebäude der Allg.-Abteilung untergebrachten Geisteskranken unberücksichtigt geblieben zu sein.
Es bestand hier allgemein der Eindruck, daß die Herren bei ihren Untersuchungen möglichst unbehelligt sein wollten, jedenfalls schien ihnen die Mithilfe der Abteilungsärzte unerwünscht zu sein. So erklärt sich, daß das Übersehen der genannten Kranken mir erst nachträglich durch die Angabe des beteiligten Oberpflegepersonals bekannt wurde.«

Vor allem der letzte Absatz des Berichtes über die Tätigkeit dieser beiden Ärzte im Krankenhaus ist aufschlußreich. Tatsächlich erfolgt von seiten des Oberpräsidenten keine Reaktion, etwa in dem Sinne, daß er die Krankenhausärzte auffordert, die Erfassung dieser Kranken nachzuholen. Die mündliche Anweisung der beiden Ärzte der Reichsarbeitsgemeinschaft, in Zukunft sollten alle Kranken erfaßt werden, bestätigt sich. Im November 1942 erfolgt die entsprechende Anweisung vom Reichsminister des Innern: »Aus besonderen Gründen lege ich nunmehr Wert darauf, den Bestand der einzelnen Anstalten an Kranken ganz zu erfassen.«

Zu diesem Zeitpunkt ist die Heil- und Pflegeanstalt Wunstorf bereits aufgelöst.

Aktenzeichen 40 00 02 g (geheim)

Die planwirtschaftliche Erfassung der Kranken erfolgte unter dem Aktenzeichen 40 10 07. Das Oberpräsidium behandelt die Angelegenheit als Routinevorgang. Das ändert sich, als aus den Erfassungen Verlegungen werden. Die Angelegenheit wird geheim. Die planwirtschaftlichen Verlegungen werden unter dem Geschäftszeichen 40 00 02 g geführt. Unter diesem Geschäftszeichen erhält der Direktor der Landes-Heil- und Pflegeanstalt in Wunstorf am 15. Mai 1941 folgende Weisung:

Der Oberpräsident
der Provinz Hannover
(Verwaltung des Provinzialverbandes)

Gesch.-Z. 40 00 02 g.
Im Antwortschreiben anzugeben

Hannover M, den 15. Mai 1941.
Am Schiffgraben

Eing. 19. MAI 1941

An
den Herrn Direktor der Landes-
Heil- und Pflegeanstalt
in Wunstorf.

Es ist mir aufgefallen, dass verschiedentlich Schreiben, die ich unter 40 00 02 g an die Anstalten gesandt habe, unter einem anderen Aktenzeichen und nicht geheim beantwortet sind.

Ich muss erwarten, dass Antworten auf sämtliche von mir geheim gesandte Schreiben ebenfalls geheim unter Verwendung desselben Aktenzeichens beantwortet werden, auch wenn der Wortlaut an sich unverfänglich ist.

I.A.

»Es ist mir aufgefallen, daß verschiedentlich Schreiben, die ich unter 40 00 02 g an die Anstalt gesandt habe, unter einem anderen Aktenzeichen und nicht geheim beantwortet sind.
Ich muß erwarten, daß Antworten auf sämtliche von mir geheim gesandte Schreiben ebenfalls geheim unter Verwendung desselben Aktenzeichens beantwortet werden, auch wenn der Wortlaut an sich unverfänglich ist.«

Die Täuschung der Angehörigen

Nach der Verlegung der jüdischen Geisteskranken aus dem norddeutschen Raum ins Generalgouvernement Posen war eine Fülle von Anfragen über die Verantwortlichen in der Anstalt hereingebrochen. Diese konnten keine Informationen geben. Sie mußten Anfragen stereotyp an die Gemeinnützige Krankentransportgesellschaft in Berlin verweisen, die keine Antwort gab.

Bei den anstehenden Verlegungen versucht der Oberpräsident eine ebensolche Situation im vorab abzufangen. Mit Datum vom 31. März 1941 weist er die Anstaltsleitung an:

»Wenn sich *Angehörige* wegen Verlegung ihrer Kranken beschwerdeführend an Sie wenden, insbesondere die Rückverlegung beantragen, so ist ihnen künftig etwa folgendes mitzuteilen:
„Auf Anordnung des zuständigen Reichsverteidigungskommissars sei zum Zwecke der planmäßigen Verwendung der in zu geringer Zahl vorhandenen Anstaltsplätze für Kriegszwecke aller Art, z.B. Lazarette, Unterbringung von Auslandsdeutschen, die heimkehren, Luftgefährdeten, Umgruppierungen in den Heil- und Pflegeanstalten nötig geworden. Dabei ließen sich persönliche Härten für die Angehörigen nicht immer vermeiden. Die persönlichen Rücksichten auf die Angehörigen müßten hinter dem allgemeinen Interesse zurückstehen. Eine Rückverlegung sei daher nicht möglich.“
Geben sich die Angehörigen mit diesen Auskünften nicht zufrieden, dann sind ihre Beschwerden an die Gemeinnützige Krankentransport-G.m.b.H., Berlin W 9, Potsdamer Platz 1, abzugeben oder die Angehörigen an diese Gesellschaft zu verweisen. Von einer Verweisung an den Herrn Reichsverteidigungskommissar ist abzusehen. Ergibt sich aus den Vorstellungen der Angehörigen für sie eine ganz besondere menschliche Härte, stelle ich nach Prüfung der Angelegenheit anheim, mir hierüber zu berichten; ich werde dann erwägen, ob ausnahmsweise die Rückverlegung beantragt werden soll. Die vorgeschriebenen Mitteilungen an den Bezirksfürsorgeverband, die Polizei usw. über die bereits erfolgten und demnächst erfolgenden Transporte mit Ausnahme der Angehörigen sind jetzt zu machen.«

Sie mußten diese Weisung allerdings bereits am 22. April 1941 zurücknehmen:

»Über die Verlegung aus ihrer Anstalt in andere Anstalten ersuche ich Sie, weder den Angehörigen noch den Behörden (z.B. Polizei, Staatsanwaltschaft, Einwohnermeldeamt, Bezirksfürsorgeverband) eine Mitteilung zugehen zu lassen. Fragen diese Stellen im Einzelfall bei Ihnen an, so kann, wenn nötig, die Verlegung mitgeteilt werden. Die Ziffer 4 meiner Verfügung vom 31.3.1941 hebe ich auf. Soweit bisher anders verfahren ist, behält es dabei sein Bewenden.«

Auch in einer Mitteilung des Oberpräsidenten vom 28. März 1941 findet sich ein Hinweis auf die Information der Angehörigen:

»Bezüglich der Mitteilung an die Angehörigen verbleibt es bei dem bisherigen Verfahren. Die Anstalt hat somit keine Nachricht zu geben, sondern die Aufnahmeanstalt wird die Angehörigen von der Verlegung verständigen.«

Der Verlegungsbefehl »auf höhere Anweisung hin«

Im März 1941 wird es ernst. Am 25. März 1941 erfolgt die erste Anweisung zur Verlegung. Der Text spricht für sich selber. Ich gebe ihn deswegen ungekürzt wieder. Besonders bemerkenswert ist die Tatsache, daß der Oberpräsident, der die Anweisung erteilt, einräumen muß, daß ihm die Zielanstalten zu diesem Zeitpunkt nicht bekannt sind. Aufschlußreich ist ebenfalls die Aufforderung, den Transport unter Berücksichtigung der Erfahrungen durchzuführen, »wie sie bei der Überführung von jüdischen Kranken gemacht wurden«.

An den Herrn Direktor
der Landes-Heil- und Pflegeanstalt
in Wunstorf

Der Oberpräsident
der Provinz Hannover
(Verwaltung des Provinzialverbandes)
Gesch.Z.: 40 00 01 g

Hannover M, den 25. März 1941

»In der Anlage übersende ich Ihnen die Transportlisten Nr. 19, 20, I, 1 über 82 Männer und 33 Frauen, ferner 82 Eigentumsnachweiskarten und je eine Anweisung über die Verlegung der Geisteskranken unter Eigentumsnachweis.

Ich ersuche Sie, auf höhere Anweisung hin die Verlegung vorzunehmen und dabei die in den übersandten beiden Anweisungen gegebenen Hinweise zu beachten.

1. Ich ersuche, zunächst einen Überblick über die Zahl der zu entsendenden Kranken zu gewinnen und mir mitzuteilen, wieviel von den auf den Listen stehenden Kranken nicht transportiert werden können

a) wegen Tod, Entlassung, Verlegung in andere Anstalten,
b) Kriegsbeschädigte, wegen seniler Altersveränderungen aufgenommene, an ansteckenden Krankheiten leidende Kranke, solche die den Bahntransport nicht aushalten, schließlich für die Anstalten ganz unentbehrliche Arbeiter. Diese Kranken sollen grundsätzlich nicht transportiert werden.
Die Angaben ersuche ich für jede dieser Arten besonders zu machen.
c) Ausnahmsweise aus sonstigen zwingenden Gründen zurückzubehaltende Kranke.
Die Entscheidung über die Zurückbehaltung zu c) behalte ich mir vor.
Die Angaben sind für Frauen und Männer getrennt zu halten. Ferner ist festzustellen, wieviel von den für den Transport in Frage kommenden Kranken Selbstzahler, Ortshilfsbedürftige, Landhilfsbedürftige sind und bei wievielen auswärtigen Verbänden die Kosten getragen werden. Diese Angaben ersuche ich mir so bald wie möglich, spätestens innerhalb einer Woche zu machen. Andere Kranke, als die in den Listen aufgeführten, sind nicht zu verlegen.

2. Die Transporte sind auf Kosten der Anstalten von diesen selbst durchzuführen. Ich ersuche daher, mit den zuständigen Stellen der Reichsbahn wegen Stellung der Eisenbahnwagen unmittelbar zu verhandeln. Es empfiehlt sich, die Transporte in jeweils 2 C 4 i Wagen durchzuführen, da die Eisenbahnverwaltung in der Lage ist, diese Achsenzahl fast immer an die fahrplanmäßigen Züge anzuhängen und umzurangieren.
Mit zwei dieser Wagen soll es möglich sein, bis 140 Kranke, das benötigte Personal und das Gepäck der Kranken zu befördern. Falls Schwierigkeiten entstehen, ersuche ich um Anruf. Auch das Begleitpersonal für die Eisenbahnfahrt und der Transportführer müssen von Ihnen gestellt werden. Es kehrt nach Ablieferung der Kranken in der neuen Anstalt sofort in die Ausgangsanstalt zurück und kann dann einen neuen Transport übernehmen.
Die Aufnahmeanstalten sind mir unbekannt. Sie liegen in Nassau. Ich werde Sie Ihnen bald mitteilen.
Besonderer Wert ist auf die genaue Ausfüllung der Eigentumsnachweiskarten und der besonderen Listen für die Schmucksachen und Geldbeträge, die für die einzelnen Kranken mitgegeben werden, zu legen. Der Transportführer hat die letzteren gegen Quittung in Empfang zu nehmen und gegen Quittung bei der Aufnahmeanstalt abzugeben. Ein Doppel der Listen der Schmucksachen und Geldbeträge ist zu den Akten zu nehmen.

Es ist angebracht, für den Transport Verpflegung (2 – 3) Brote für jeden Kranken und für je 120 Mann 3 Kannen Kaffee) mitzugeben. Anstelle der Kaffeekannen können auch Marmeladen-Eimer mit festen verschließbaren Deckeln verwandt werden. Ich ersuche den Transport unter Berücksichtigung der Erfahrungen, die sie bei der Überführung von jüdischen Kranken gemacht haben, vorzubereiten. 2 der übersandten Transportlisten sind für Ihren Gebrauch bestimmt, 2 demnächst wieder an mich zurückzusenden.

gez. Der Oberpräsident«

Drei Tage später ergänzt der Oberpräsident seine Anweisung:

»Die Kranken aus der Anstalt Wunstorf können nach der Heilerziehungsanstalt Kalmenhof in Idstein im Taunus überführt werden. Idstein hat eigene Bahnstation. Leiter: Direktor Müller, Fernruf: Idstein 375.
Der Leiter der Anstalt ist durch den Bezirksverband Wiesbaden entsprechend verständigt. Die Anstalt ist zur sofortigen Aufnahme der Kranken bereit. Ich ersuche Sie, sich unmittelbar mit dem vorstehend genannten Direktor der Aufnahmeanstalt, evtl. fernmündlich, in Verbindung zu setzen.
Der tägliche Pflegesatz in der Anstalt ist der gleiche wie in der dortigen Abgabeanstalt.
Bezüglich der Mitteilung an die Angehörigen verbleibt es bei dem bisherigen Verfahren. Die Abgabeanstalt hat somit keine Nachricht zu geben, sondern die Aufnahmeanstalt wird die Angehörigen von der Verlegung verständigen.«

Ein Merkblatt zur Verlegung von Geisteskranken ist beigefügt:

»Bei der Verlegung von Geisteskranken bitte ich, bei der Durchführung nachstehende Punkte genauestens zu beachten und zu befolgen:

1. *Personalakten:* Die Personalakten sind bei der Verlegung mitzugeben.
2. *Krankengeschichten:* Die Krankengeschichten sind bei der Verlegung mitzugeben.
3. *Eigentumsnachweiskarten:* Die Eigentumsnachweiskarten sind peinlichst genau auszufüllen unter Beachtung der beigefügten Richtlinien, Männer weiß, Frauen gelb.
4. *Geldbeträge:* Die Geldbeträge sind in einer besonderen Aufstellung mit 2 Durchschlägen (als Quittungen anzusehen) bereitzuhalten.
5. *Wertgegenstände:* Die Wertgegenstände des betr. Kranken sind gleichfalls in einer Sonderaufstellung mit 2 Durchschlägen bereitzuhalten.

Zu Punkt 4. und 5. bemerke ich, daß die Eintragungen auf den Eigentumsnachweiskarten auch enthalten sein müssen.

6. *Persönliches Eigentum* der zu verlegenden Kranken ist fertig verpackt mit Namen des Betreffenden versehen mitzugeben.
7. *Markierung der Kranken:* Die Geisteskranken sind mit einem Leukoplaststreifen zu versehen, auf dem der Name des betr. Kranken geschrieben steht und der auf dem Rücken zwischen den Schulterblättern befestigt wird. Außerdem muß der Name des betr. Kranken in der Kleidung eingenäht sein.

8. Kranke, deren Zustand einen längeren Transport nicht gestattet und für sie lebensgefährlich werden würde, dürfen nicht verlegt werden.
9. *Unruhige Kranke* sind vor Beginn der Verlegung mit entsprechenden Beruhigungsmitteln zu versehen.
10. Die Anstaltsleitung ist dafür verantwortlich, daß keiner der zu verlegenden Kranken im Besitz von Messern oder sonstigen gefährlichen Gegenständen ist.

Es fällt auf, daß die Behörden inzwischen von üblichen Gepflogenheiten durchaus abweichen: Die Verfügungen des Oberpräsidenten enthalten neben dem Geschäftszeichen keinen Hinweis darauf, was sie betreffen. Die Berichte des Krankenhauses sprechen von der »Verlegung« der Kranken. Der Begriff der planwirtschaftlichen Verlegungen taucht erst viel später auf. Als die Behörden ihre übliche Sprache wiedergefunden haben, ist zunächst von Verlegungen aufgrund einer Anordnung des Reichsverteidigungskommissars die Rede – eine offensichtliche Lüge, die damals nichtsdestoweniger glaubwürdig gewesen sein mag.

Dennoch funktioniert der Behördenapparat reibungslos. Eine lebhafte Korrespondenz zwischen Anstalt und Oberpräsidenten entspinnt sich.

Die Anstalt am 31. Mai 1941:

»Bevor ich zu den einzelnen Punkten der Verfg. Stellung nehmen kann, bitte ich um Mitteilung, ob auch die Tuberkulose in diesem Falle als ansteckende Krankheit Ziffer b) zu betrachten ist. Unter den in der Liste der zu überführenden Männer aufgeführten Personen befinden sich 7 ansteckungsfähige Tuberkulöse. Ausserdem bitte ich zu Punkt c) um Erläuterung des Begriffs „aus sonstigen zwingenden Gründen". Sind damit insbesondere auch die Fälle gemeint, in denen möglicherweise bezw. sogar mit Sicherheit irgendwelche Schwierigkeiten von seiten der Angehörigen (besonders bei Selbstzahlern) zu erwarten sein werden?«

Der Oberpräsident am 1. April 1941:

»Auch die offene Tuberkulose gilt als ansteckende Krankheit. Ich ersuche Sie, wegen der Frage, ob diese Kranken überführt werden können, sich an die Aufnahmeanstalt unmittelbar mit der Frage zu wenden, ob diese Kranken dort tragbar sind; bejahendenfalls können sie überführt werden.«

Der Oberpräsident am 7. April 1941:

»Nachdem ich mich wegen verschiedener von den Direktoren einiger Anstalten an mich gerichteten Fragen bei der Krankentransport G.m.b.H. in Berlin erkundigt habe, beantworte ich diese Fragen nunmehr wie folgt:

1. Auch für die Selbstzahler gilt für die Dauer des Aufenthalts in der Aufnahmeanstalt der bisherige Satz. Wenn also die für Göttingen maßgebende Aufnahmeanstalt die verlegten Selbstzahler aufgefordert hat, den Satz von 3,50 RM künftig zu zahlen, so ist das nicht richtig, vielmehr zahlt auch der Selbstzahler wie bisher denselben Satz, also 2,64 RM. Den Unterschied zwischen 3,50 RM und 2,64 RM trägt die Krankentransport-Gesellschaft unmittelbar gegenüber der Aufnahmeanstalt. Ich ersuche, die Aufnahmeanstalten nötigenfalls hierauf hinzuweisen.
2. Zu den von der Aufnahmeanstalt zu tragenden Kosten gehören auch etwaige Begräbniskosten.
3. Es soll veranlaßt werden, daß auch den Anstalten und nicht nur den Angehörigen das Ableben eines verlegten Kranken mitgeteilt wird.«

In der Verfügung vom 7. April 1941 lassen die Dokumente erstmals erkennen, daß auch bei dieser Aktion die Gemeinnützige Krankentransportgesellschaft im Spiel ist. Die Transporte der jüdischen Patienten sind noch in eigener Regie durchgeführt worden, und jetzt ist sie nur noch federführend tätig. Der Transport selbst wird vom Krankenhaus organisiert.

Die Anstalt am 8. April 1941:

»Von den in den übersandten Transportlisten aufgeführten Kranken – *81* (nicht 82) Männer und 33 Frauen – können nicht transportiert werden:

a) wegen Tod 9 Männer und 2 Frauen,
b) " Entlassung 1 Mann und 3 Frauen,
außerdem fällt 1 weibliche Kranke aus, die hier nicht untergebracht ist. (Ruchholtz, Nr. 133.356)
b) Kriegsbeschädigte 1 Mann (ob Kb vorliegt, wird noch einwandfrei geklärt)
wegen seniler Altersveränderungen 1 Mann (bisherige Diagnose Huntingtonsche Chorea nicht gesichert, ebenso wahrscheinlich Präsenile Veränderungen)
wegen ansteckender Krankheiten 6 tbc. Männer (Nach Mitteilung der Anstalt Idstein fehlt es an Isolierungsmöglichkeit)
nicht transportfähig 2 tbc. Männer
unentbehrliche Arbeiter 1 Frau
c) aus sonstigen zwingenden Gründen 1 Frau. Es handelt sich um die Ehefrau Berta Minna Müller geb. Schmidt (Nr. 161 149), die nicht geisteskrank im eigentlichen Sinne ist. Sie leidet an einer chronischen Encephalitis. Es bestehen zwar Störungen des Gemüts- und Willenslebens, aber sonst ist die Kranke völlig klar orientiert, hat eine intakte Intelligenz und bietet keinerlei Wahnideen oder Sinnestäuschungen. Sie hat 3 Kinder, an denen sie sehr hängt, zeigt auch sonst noch Interesse, ragt aus dem Kreise der übrigen Encephalitiker heraus. Ihre Vorgeschichte ist einwandfrei.

Nach Abzug dieser Kranken verbleiben für den Abtransport 61 Männer und 25 Frauen ...
Wegen des Transports ist das Weitere veranlaßt. Voraussichtlich wird dieser am 22./23. d. Mts. stattfinden. Nach Mitteilung der Reichsbahn ist ein früherer Termin nicht möglich, da die in Frage kommenden Züge bis dahin bereits von anderer Seite wahrscheinlich zu demselben Zweck) mit Anhängern besetzt sind.«

Transportvorbereitungen

Ab Anfang April geht es nur noch um die technische Durchführung des Transports. Am 3. April 1941 schreibt die Heil- und Pflegeanstalt an den Direktor der Heilerziehungsanstalt Kalmenhof, Idstein i. Taunus:

»Auf Anweisung meiner vorgesetzten Behörde sollen in Kürze etwa 80 Männer und 30 Frauen in die dortige Anstalt übergeführt werden. Als Termin ist vorläufig der 17. d. Mts. in Aussicht genommen. Unter den für Überführung in Frage kommenden Männern befinden sich auch 7 ansteckungsfähige Tuberkulöse. Ich bitte um baldige Mitteilung, ob diese dort aufgenommen, gegebenenfalls entsprechend isoliert werden können.«

Am gleichen Tag werden bei der Reichsbahndirektion Hannover Transportmittel bestellt:

»Auf Anordnung meiner vorgesetzten Behörde, des Herrn Oberpräsidenten (Verw. d. Prov.Verb.) sollen etwa 80 Männer und 30 Frauen in die Heilerziehungsanstalt Idstein i. Taunus übergeführt werden. Als Termin ist der 17. d. Mts. in Aussicht genommen. Ich bitte, für diesen Transport einige 2 C 4 i-Wagen zur Verfügung zu stellen. Es ist dabei zu berücksichtigen, daß außer den Kranken Raum vorhanden sein muß für etwa 12 Begleitpersonen und für Gepäck in mäßigem Umfange.«

Die Reichsbahndirektion Hannover am 8. April 1941 an die Landes-Heil- und Pflegeanstalt Wunstorf:

»Zur Beförderung von 110 Kranken Ihrer Heilanstalt von Wunstorf nach Idstein (Taunus) steht nur eine Tagesverbindung zur Verfügung und zwar

Wunstorf	ab	8,33	
Hannover	an	9,07	mit P 305
Hannover	ab	9,53	
Frankfurt (Main) Hbf	an	15,30	mit D 86
Frankfurt (Main) Hbf	ab	17,12	
Idstein (Taunus)	an	18,31	mit P 627.

Aus betrieblichen Gründen können wir den D 86 aber nur um einen Sonderwagen verstärken. Ihre Kranken müssen daher an 2 Tagen befördert werden. Hierfür schlagen wir Ihnen Dienstag, den 23. und Mittwoch, den 24. IV. vor. An den vorhergehenden Tagen ist D 86 durch die Beförderung von Kranken einer anderen Heilanstalt schon ausgelastet. Wir bitten uns mitzuteilen, ob Sie mit vorstehendem Vorschlag einverstanden sind.«

Der Transport muß um sechs Tage verschoben werden, weil die Reichsbahn in den vorangehenden Tagen »durch die Beförderung von Kranken einer anderen Heilanstalt« schon ausgelastet ist. In diesen Tagen haben sich viele hundert Kranke, vielleicht tausende, auf dem Weg nach Hadamar befunden. Am 17. April 1941 kündigt die Landes-Heil- und Pflegeanstalt dem Leiter der Heil-Erziehungsanstalt Kalmenhof den Transport an. Man verhält sich wie bei einer routinemäßigen Verlegung von Patienten an ein entferntes Krankenhaus:

»Der Transport wird jeweils von einem Arzt und dem erforderlichen Pflegepersonal begleitet. Ich wäre Ihnen dankbar, wenn dem Wunsche des Arztes, bei dieser Gelegenheit die Einrichtungen der dortigen Anstalt zu besichtigen, entsprochen werden könnte. Vielleicht ließe sich trotz des sicher auch dort bestehenden Personalmangels immerhin eine kurze Führung durch eine geeignete Person ermöglichen.«

Was der Leiter des Kalmenhofs dem Wunstorfer Kollegen wohl zu zeigen gehabt haben mag!

Die Verlegungen

Am 23. und 24. April 1941 erfolgte die Verlegung von 59 Männern und 24 Frauen von Wunstorf nach Idstein. Die Kranken werden ordnungsgemäß übergeben: »Von den mir übersandten Transportlisten füge ich 2 Stck. mit den gewünschten Eintragungen wieder bei.« Die Wertgegenstände werden ordnungsgemäß quittiert (Abb.). Für eine Führung durch die Anstalt wird gesorgt, als wäre es ein Krankenhaus wie andere. Die abtransportierten Wunstorfer Patienten wurden am 14. Mai 1941 von Idstein nach Hadamar weiterverlegt. Von fünf Kranken abgesehen, die vorher verstarben, wurden sie in der Woche zwischen dem 31. Mai und dem 6. Juni

Quittung — Landes-Heil- u. Pflegeanstalt Wunstorf

Bei der Verlegung von Wunstorf nach Idstein wurden folgende Wertgegenstände mitgegeben für:

Lfd. Nr.	Familienname	Vorname	Gegenstände
1	Westerling	Emma	1 Uhr mit Kette
2	Goedecke	Luise	2 Fingerringe
			1 Halskette
			1 Blusennadel
3	Hasemann	Barbara	1 Halskette
			1 Brosche
			1 Fingerring
			1 Armbanduhr
4	Choronecke	Elisabeth	1 Blusennadel
			1 P. Ohrringe
			1 Halskette
			2 Trauringe
			1 Brosche
5	Meinecke	Wilhelmine	1 P. Ohrringe
			1 Blusennadel
6	Reiser	Ida	1 Becher
			1 Blusennadel
7	Richter	Luise	1 Brosche
8	Runge	Marie	1 Brosche
			1 P. Ohrringe
			1 Trauring
			1 Uhrkette
9.	Schüßler	Ella	1 Fingerring
			1 Armbanduhr
			1 Brosche
			1 Blusennadel
10	Steffens	Marie	1 Brosche

erhalten

Idstein, den 23. 4. 41

L. Kaiser

Anstalt Calmenhof Idstein/Ts.

1941 – wie mehr als zehntausend andere – in Hadamar vergast und verbrannt.

Damit hatte es kein Ende. Zwei weitere Transporte aus dem Krankenhaus erfolgten in Einrichtungen, die als Zulieferungs- und

Zwischenanstalten für Hadamar bekannt und berüchtigt sind, nach Scheuern und nach Eichberg. Am 26. Juni 1941 kam die Anweisung für einen zweiten Transport für den 18. Juli:

»In der Anlage übersende ich die hier von der Gemeinnützigen Kranken-Transport-GmbH. eingegangenen Verlegungslisten über 69 Männer und 6 Frauen Ihrer Anstalt in vierfacher Ausfertigung nebst 4 Nachweisungen über Kostenträger, 4 roten Anmerkungen dazu und der entsprechenden Zahl von Eigentumsnachweiskarten.
Ich ersuche, den Transport in derselben Weise wie bisher vorzubereiten und mir zunächst eine Aufstellung derjenigen Personen zu geben, die nach den letzthin gegebenen Anweisungen vom Transport auszunehmen sind. Soweit ich danach mir die Entscheidung im Einzelfall persönlich vorbehalten habe, ersuche ich um Mitteilung der Unterlagen für meine Entscheidung. In welche Zwischenanstalten die Kranken zu verlegen sind, werde ich noch mitteilen.«

Vierundfünfzig Kranke wurden diesmal nach Scheuern verlegt.

Am 1. August 1941 erfolgte ein letzter Transport mit 49 Männern und 27 Frauen nach Eichberg. Bevor diese Kranken Hadamar erreichten, wurde die offizielle Euthanasie Geisteskranker am 23. August 1941 eingestellt. Die Kranken verblieben an den Zielorten. Über ihr weiteres Schicksal findet sich nur im Einzelfall Aufschluß: wenn sie verstorben sind und diese Tatsache ihren Niederschlag in den Abrechnungsunterlagen des Krankenhauses gefunden hat. Es sind viele gestorben.

Die Schonung Einzelner

Die Frage, welche Kranken von den Transporten verschont bleiben können, nimmt einen breiten Raum in der Korrespondenz zwischen Oberpräsidium und Anstalt ein. Von seiten des Oberpräsidiums ist eine vorsichtige Tendenz zu erkennen, seinen Spielraum gegenüber dem Reichsminister des Innern auszunutzen. Schon in der ersten Anweisung für die Transportvorbereitung vom 25. März 1941 heißt es:

»Ich ersuche, zunächst einen Überblick über die Zahl der zu entsendenden Kranken zu gewinnen und mir mitzuteilen, wieviel von den auf den Listen stehenden Kranken nicht transportiert werden können

a) wegen Tod, Entlassung, Verlegung in andere Anstalten,
b) Kriegsbeschädigte, wegen seniler Altersveränderungen aufgenommene, an ansteckenden Krankheiten leidende Kranke, solche die den Bahntransport nicht aushalten, schließlich für die Anstalten ganz unentbehrliche Arbeiter. Diese Kranken sollen grundsätzlich nicht transportiert werden. Die Angaben ersuche ich für jede dieser Arten besonders zu machen.
c) *Ausnahmsweise* aus sonstigen zwingenden Gründen zurückzubehaltende Kranke.

Die Entscheidung über die Zurückbehaltung zu c) behalte ich mir vor.«

Allerdings wird das am 31. März 1941 bereits wieder modifiziert:

»1. Ansteckungsfähige Kranke, wie Tuberkulöse und Typhusbazillenträger sind nicht schlechthin vom Transport ausgeschlossen. Wenn Sie solche Kranken haben, die transportiert werden sollen, so ersuche ich, sich mit der Aufnahmeanstalt in Verbindung zu setzen, ob sie in der Lage ist, diese aufzunehmen und zu isolieren. Hat die Anstalt keine Bedenken, kann die Überführung stattfinden ...

5. Als Kriegsbeschädigte gelten nur Empfänger von Versorgungsgebührnissen wegen Dienstbeschädigung.«

Die »sonstigen zwingenden Gründe« werden einen Tag später, am 1. April 1941 erläutert:

»Zu den *sonstigen zwingenden Gründen* rechne ich solche, in denen für die Angehörigen untragbare Härten durch die Verlegung entstehen, also z.B. Fälle, in denen die Angehörigen außer dem in der Anstalt befindlichen Kranken, den sie regelmäßig besuchen, weitere Angehörige nicht mehr haben. Da sich diese Fälle einer generellen Kennzeichnung im Verfügungswege entziehen, habe ich die Form gewählt *„ausnahmsweise aus sonstigen zwingenden Gründen"*. Ich ersuche, mir die Verhältnisse der aus diesem Grunde Zurückgehaltenen darzulegen.«

Zwischenzeitlich sichert der verantwortliche Landesrat sich in Berlin bei der Gemeinnützigen Krankentransport-GmbH ab. Das Ergebnis teilt er den Direktoren der Heil- und Pflegeanstalten des Provinzialverbandes am 7. April 1941 mit. Wichtig ist, daß er den Anstalten ausdrücklich anheim stellt, Gründe mitzuteilen, warum bestimmte Kranke für die Verlegung ungeeignet erscheinen:

»Die Anstalt Göttingen hat mir über die bei dem März-Transport zurückbehaltenen Frauen eine gutachtliche Äußerung gegeben, in der die Gründe mitgeteilt wurden, die die Verlegung ungeeignet erschienen ließen. Zum Teil lagen diese Gründe in einer Veränderung der bei Absendung der Meldebogen im Sommer 1940 geschilderten tatsächlichen Verhältnisse oder einer Änderung der Diagnose.

Nach Verabredung mit der Krankentransport-Gesellschaft werde ich diese Äußerungen der Gesellschaft zuschicken und diese wird sie dann an die für die Beurteilung der Meldebogen zuständigen Stelle zur Beachtung etwaiger späterer Transporte weitergeben. Ich stelle für die Anstalten *Hildesheim* und *Lüneburg* ein entsprechendes Vorgehen anheim. Desgleichen wird es sich empfehlen, auch für diejenigen Kranken, für die Meldebogen ausgestellt sind, wesentliche Veränderungen, die für die Beurteilung, ob ein Kranker künftig zur Verlegung geeignet ist, von Bedeutung sein können, mir in gleicher Weise mitzuteilen.«

Aufgrund dieser Verfügungen und ihrer Erläuterungen berichtet die Anstalt Wunstorf am 8. April 1941, daß 20 Männer und 8 Frauen, die auf den Transportlisten aufgeführt sind, nicht verlegt werden können, davon eine aus sonstigen zwingenden Gründen.

Mit dem Hinweis auf Göttingen hat es seine besondere Bewandtnis. Professor Ewald, Leiter der Anstalt wie der Universitätsklinik, leistete offenen Widerstand gegen die Verlegungen seiner Patienten. Von ihm ist verbürgt, daß er bei einer Vorankündigung der Euthanasiemaßnahmen in einem kleinen Kreis von ausgewählten Psychiatern als einziger unter Protest die Sitzung verließ. Er bezog in seinen Vorlesungen und an anderen Orten öffentlich Stellung. Seine Haltung mußte seinen Psychiaterkollegen im Lande bekannt sein. Die ausdrückliche Billigung des Göttinger Verhaltens in einem amtlichen Schreiben konnte nur bedeuten, daß das Oberpräsidium bereit war, Versuche – Patienten zurückzubehalten – bis zu einem gewissen Grad zu tolerieren.

Offenbar wird diese Ausnahmeliste vom Oberpräsidium dennoch nicht akzeptiert. Einige Einzelfälle werden zwischen Anstaltsleiter und Beauftragten des Oberpräsidenten mündlich durchgesprochen. Das Ergebnis teilt der Oberpräsident am 10. April 1941 mit:

»Von den am 8. d. Mts. zwischen Ihnen und den Landesräten Dr. Fröhlich und Dr. Andreae besprochenen Fällen sind mit zu verlegen: Bertha Müller, Lattmann und Lose. Dagegen soll Weiss zurückgehalten werden. Wegen des Kranken Wilhelm Menge werden Sie, wie verabredet ist, selbst noch festzustellen haben, ob er nicht nur Dienstzeitrentenempfänger ist, sondern auch eine Dienstbeschädigung erlitten hat und ihn im letzteren Falle vom Transport zurückhalten, andernfalls ist er mit zu transportieren.«

Das Schicksal der Betroffenen scheint besiegelt zu sein. Aber wenige Tage später kommt es zu einer erneuten Modifikation:

»Wie ich jetzt erfahre, sind von den Transporten nicht bloß die *Kriegsbeschädigten*, sondern alle Kranken fernzuhalten, die sich in irgendeiner Weise im Kriege an der Front *verdient* gemacht haben, *also nachweisen kön-*

nen, daß sie verwundet gewesen sind, irgendwelche Auszeichnungen gehabt haben (es genügt auch das Frontkämpferkreuz) oder Kriegsdienstbeschädigungen davongetragen haben, auch wenn sie nicht zu einer Rente geführt haben.
Soweit noch unter den zu entsendenden Kranken sich solche Personen befinden, ersuche ich, sie vom Transport fernzuhalten. Ist dies bei der Kürze der Zeit nicht mehr möglich, so sind die Transporte ohne Rücksicht auf Vorstehendes abzusenden. Die Nachforschungen sind aber dann nachträglich zu machen und den Aufnahmeanstalten mitzuteilen.

Ich bemerke dabei, daß in den Aufnahmeanstalten die Verhältnisse jedes einzelnen noch genau geprüft werden sollen und je nach dem Ausfall dieser Prüfung entschieden wird, wohin der Kranke weiter verlegt wird.«

Das Hin und Her über die Verlegung oder Zurückbehaltung ist mit dem ersten Transport aus Wunstorf vom 23. und 24. April nicht abgeschlossen. Schon bald danach erfolgt eine neue Anfrage aus Hannover:

»Da ich in einem Einzelfall festgestellt habe, daß die tatsächlichen Entsendungsziffern von den mir angegebenen Zahlen nicht unerheblich abwichen, ersuche ich nochmals ... um Erläuterung, soweit ich nicht etwa die Abweichung bereits genehmigt habe. Ich ersuche um nähere Mitteilung über die vier Kriegsteilnehmer, die nachträglich vom Transport zurückbehalten sind, und um Angabe ihrer Kriegsverdienste.«

Handschriftlicher Zusatz: In Berlin sei die nachträgliche Zurückbehaltung von vier Kriegsteilnehmern aufgefallen. Deshalb erfolge die Rückfrage. Die Antwort von seiten der Anstalt läßt sechs Wochen auf sich warten:

»Anliegend übersende ich die gewünschte Zusammenstellung über die verlegten Kranken und berichte
zu 1) daß die Transportliste der Männer nicht 82, wie in der Verfügung vom 25.3.1941 angegeben, sondern nur 81 Kranke enthielt;
zu 3) daß wegen der Entlassung der Elisabeth Wolters schon seit längerer Zeit Verhandlungen mit der Berufsvormünderin (Städt. Wohlfahrtsamt Hannover) schwebten, um die Patientin über das Frauenheim Himmelsthür bzw. über das Pflegeheim Langenhafen ist eine entsprechende Arbeitsstelle zu vermitteln. Diese Entlassung ist dann nach Abschluß der Vorverhandlungen am 19.4.1941 erfolgt;
zu 3 i) daß die nicht verlegten Kranken Stadthagen, Lattmann, Menge und Woyzek, soweit hier bekannt, Kriegsteilnehmer und im Besitz des Frontkämpfer-Ehrenkreuzes waren. Während bei den 3 zuerst genannten Kranken *besondere* Kriegsverdienste bisher nicht ermittelt werden konnten (Militärpässe sind von den Angehörigen angefordert, aber noch nicht eingegangen), liegt bei dem Kranken Woyzek lt. beigefügtem Militärpass m.E. diese Voraussetzung vor.«

Die Frage der Zurückbehaltung von Kranken scheint immer größere Bedeutung zu gewinnen. Am 20. Juni 1941 faßt der Oberpräsident noch einmal zusammen, welche Kranken zurückbehalten werden dürfen:

»Aufgrund von Besprechungen in Berlin fasse ich im folgenden die Typen von Kranken zusammen, die bei Transporten, die im Auftrage des Herrn Reichsverteidigungskommissars erfolgen, zurückgehalten werden dürfen:

1) Kriegsbeschädigte. Hierunter gehören nicht nur Rentenempfänger, sondern auch solche, die nachweislich eine Verwundung erlitten haben, auch wenn sie an ihren Folgen nicht mehr leiden.
2) Kriegsteilnehmer, die Kriegsauszeichnungen erhalten haben, z.B. KK.II, Verwundetenabzeichen. Hierher gehören *nicht* das Kriegsverdienstkreuz und auch nicht das Frontkämpferabzeichen.
3) Kriegsteilnehmer, die sich im Felde besondere Kriegsverdienste nachweislich erworben haben, ohne im Besitz von Auszeichnungen zu sein. Die Entscheidung über diese Gruppe behalte ich mir persönlich vor.

Ich ersuche, zu a) bis c) bei allen männlichen Kranken, für die Meldebogen abgegeben sind, die nötigen Feststellungen bereits jetzt zu treffen, soweit dies möglich ist. Von besonderen Nachforschungen bei Versorgungsämtern, dem Zentralnachweisamt für Kriegsverluste usw. ist aber abzusehen. Fälle, in denen ausnahmsweise Verlegung zweckmäßig erscheint, sind mir vorzulegen.

4) Transportunfähige. Auf den späteren Verlegungslisten ist dabei wegen künftiger Einsetzung zu vermerken, ob die Transportunfähigkeit eine dauernde oder eine vorübergehende war.
5) Wegen psychischer Altersveränderung in höherem Lebensalter aufgenommene Personen. Präsenile Erscheinungen gehören nicht hierher.
6) Manisch-depressive Kranke, wenn sie sich nicht bereits 15 Jahre ununterbrochen in Anstalten aufhalten.
7) Kranke, die mindestens 80 Jahre alt sind.
8) Für Göttingen: Wertvolle Demonstrationsfälle für den klinischen Unterricht.
9) Gute Arbeitskräfte. Die Zurückhaltung eines derartigen Kranken ist aber verboten, wenn die Untersuchung durch einen Arzt der Reichsarbeitsgemeinschaft Heil- und Pflegeanstalten stattgefunden hat und diese den Kranken entgegen Ihrer Ansicht für abkömmlich erklärt hat. Will die Anstalt einen solchen Kranken gleichwohl zurückhalten, so muß sie bei mir einen entsprechenden Antrag stellen. Letzteres gilt auch für Kranke, die bereits einmal auf einer früheren Transportliste gestanden haben.
10) Ausnahmsweise sonstige besondere Gründe, wie baldige Entlassungsfähigkeit, weitgehend erhaltene Persönlichkeit, ganz besonders inniger Zusammenhang mit den Angehörigen oder eine ungewöhnlich große Härte für sie.

Von diesen Gruppen sind die maßgebenden Zurückhaltungsgründe mir in jedem Falle in doppelter Ausfertigung – für jeden Kranken auf besonderem Bogen – mitzuteilen. Ich werde die Entscheidung über diese Gruppe selbst treffen.

In allen Fällen trifft die Anstalt bzw. treffe ich nur eine vorläufige Entscheidung. Die Reichsarbeitsgemeinschaft Heil- und Pflegeanstalten behält sich die endgültige Entscheidung vor und kann daher auch einen zurückbehaltenen Kranken auf eine spätere Transportliste setzen.
Tuberkulöse und Bazillenträger können entgegen früheren Anweisungen unter Beobachtung der nötigen Vorsichtsmaßnahmen nach vorheriger Benachrichtigung der Aufnahmeanstalt entsandt werden.«

Dennoch kann, wie die nachfolgenden Dokumente zeigen, Einigkeit über die Zurückbehaltung einzelner Kranker nicht erzielt werden. Die Heil- und Pflegeanstalt versucht die Richtlinien extensiv auszuschöpfen. Sie kann sich damit jedoch beim Oberpräsidenten nicht durchsetzen, der im Einzelfall offenbar Weisungen bei der Reichsarbeitsgemeinschaft Heil- und Pflegeanstalten einholt.

Die Anstalt am 7. Juli 1941 an den Oberpräsidenten:

»Von den in den übersandten Listen aufgeführten Kranken sind folgende auszunehmen:

a) Männer

1.	Kriegsbeschädigte (davon wird in einem Falle die Frage, ob KB vorliegt, noch eingehend klargestellt)	2
4.	Transportunfähige	1
9.	gute Arbeitskräfte	11
	Außerdem sind inzwischen verstorben oder entlassen	4
5.	Der Kranke H. (Nr. 161.320) ist in die Privat-Heil- und Pflegeanstalt Ilten überführt	1
zusammen		19

Hinsichtlich des Kranken M. aus F. geb. 18.3.1918, Listen-Nr. 140.840, ist wie ich jetzt festgestellt habe, bei der seinerzeitigen Meldung ein Irrtum unterlaufen. Das Delikt ist nicht wie angegeben Sittlichkeitsverbrechen, sondern Brandstiftung. Neigung zu Sittlichkeitsverbrechen ist bisher nicht erwiesen. Die angegebene Diagnose angeborener Schwachsinn ist zutreffend. Ich frage an, ob M. dennoch mit verlegt werden soll.

b) Frauen

von den in der Liste II/7 aufgeführten 6 weiblichen Kranken scheiden aus folgenden Gründen aus:

a) Die Kranke Gertrud D. ist bereits am 27.9.1940 mit dem Transport jüdischer Kranker ausgeschieden,
b) die Kranken E., G. und O. sind am 13. v. Mts. in die Landes-Heil- und Pflegeanstalt Hildesheim übergeführt,
c) die Kranke F. wurde bereits am 21.3.41 in die Prov.-Heil- und Pflegeanstalt Kortau b/Allenstein übergeführt.

Für die Verlegung würden also nach Abzug der obigen Fälle in Frage kommen 50 Männer und 1 Frau.«

Die Landes-Heil- und Pflegeanstalt am 11. Juli 1941:

»Bei der ersten Krankenverlegung wurden die 4 Kranken M., L. und W. als Frontkämpfer zurückbehalten. Außer bei dem Kranken M., der nach seiner glaubwürdigen Aussage das KK II hat, haben sich aber besondere Kriegsverdienste nicht feststellen lassen, sodaß aufgrund der neuerlichen Bestimmungen (Verfg. v. 20.6.41 – 40 00 02 g) die anderen 3 Kranken noch mit überführt werden müßten. Ich bitte um Verfg., ob diese Kranken gelegentlich des nächsten Transports, der auf den 18. d. Mts. festgesetzt ist, mit zu verlegen sind.
Wie bereits in meinem Bericht vom 7. d. Mts. angegeben, sind von den in der übersandten Liste der zu verlegenden Kranken 1 männl. Kranker (H.) in die Anstalt Ilten und 3 weibl. Kranke (E.,G. u. O.) in die Hildesheimer Anstalt übergeführt. Unter Bezugnahme auf die heutige fernmündliche Rücksprache bitte ich um Entscheidung, ob diese 4 Kranken hierher zurückverlegt und ebenfalls dem Transport am 18. d. Mts. noch angeschlossen werden sollen.«

Der Oberpräsident am 11. Juli 1941 – eingeschrieben – an den Direktor der Heil- und Pflegeanstalt – eigenhändig oder Vertreter im Amt:

»Die 3 Frauen, die nach Hildesheim überführt sind, ersuche ich zum Zwecke des Transportes wieder aus Hildesheim abzuholen und dem Transport anzuschließen, da diese Frauen ja eigentlich nach Wunstorf gehören und nur wegen der baulichen Veränderungen vorzeitig nach Hildesheim überführt sind. Der Kranke H. dagegen, der ordnungsgemäß in die Privat-Heil- und Pflegeanstalt Ilten überführt ist, soll in Ilten bleiben.
Der Kranke Karl M. ist zu verlegen, da es für die Gesamtbeurteilung keinen Unterschied macht, ob er wegen Sittlichkeitsverbrechen oder wegen Brandstiftung zur Unterbringung in der Heil- und Pflegeanstalt verurteilt ist. Ich ersuche aber, bei Mitteilung über die Ausführung des Transports und Übersendung der Transportlisten mit Bemerkungen nochmals über diese Veränderungen Mitteilung zu machen.
Danach würden zu verlegen sein: 50 bzw. 51 Männer und 4 Frauen.
Ich ersuche, nunmehr den Transport selbständig auszuführen und mir die übliche Mitteilung zu machen.
Die zu verlegenden Frauen werden zweckmässig mit dem nächsten im gleichzeitigen heutigen Schreiben Ihnen angekündigten Transport verlegt.«

Der Oberpräsident am 22. Juli 1941:

Zum Bericht vom 11.7.1941, betr. Verlegung der Kranken M., L., L. und W., teilt mir die Reichsarbeitsgemeinschaft Heil- und Pflegeanstalten mit, daß diejenigen Kranken, bei denen besondere Kriegsverdienste nicht nach-

zuweisen sind, also die letztgenannten *drei*, einem der jetzt fälligen Transporte mitzugeben und die Transportlisten um diese Kranken zu erweitern seien.
Ich ersuche um entsprechende Veranlassung.«

Die Kranken werden weisungsgemäß am 1. August 1941 nach Eichenberg verlegt.

Das Schicksal der Verlegten

Wir wissen nicht, auf welche Weise die Verantwortlichen des Krankenhauses vom Tod der planwirtschaftlich verlegten Patienten erfahren haben. Offizielle Mitteilungen finden sich nicht bei den Akten. An einer Stelle wird in der Korrespondenz sogar darauf verwiesen, daß man inoffiziell vom Tod einzelner Patienten erfahren habe, offiziell aber nichts wisse. Aber weniger als drei Monate nach der Verlegung der ersten Patientengruppe findet sich an unerwarteter Stelle ein Hinweis darauf, daß das Krankenhaus wie das Oberpräsidium mehr wissen als die Geheimakten offenbaren. Am 28. Juni 1941 wendet sich die Erbbiologische Landesstelle des Oberpräsidenten an den Direktor der Landes-Heil- und Pflegeanstalt:

»Die aufgrund planwirtschaftlicher Maßnahmen zur Entlassung kommenden Kranken der Anstalten sind mir durch eine Nachweisung – also keine Einzelbescheide –, die folgende Angaben enthält, namhaft zu machen:

1. Nr. der Sippenmappe oder Krankenakte,
2. Familienname, Vorname,
3. Geburtstag,
4. Aufnahmetag,
5. Diagnose,
6. Entlassungstag,
7. Neuer Unterbringungsort.«

Das Schreiben erscheint unverfänglich. Allein ein handschriftlicher Zusatz macht stutzig:

»8. Bemerkungen (+)«

Dahinter in Klammern ein Kreuz für verstorben.

Die Landes-Heil- und Pflegeanstalt am 19. Juni 1941 an den Oberpräsidenten:

»Anliegend übersende ich eine Nachweisung über die am 24.4.1941 aufgrund planwirtschaftlicher Maßnahmen verlegten Kranken.«

Nr.	Name, Vorname	Geb.Tag	Aufn.Tag	Diagnose	Entl.	Neuer Unterbr.Ort	Bemerkungen
11oo B	[redacted], Walter	3.3.1o	[illegible].11.34	Schiz.	24.4.41	-	4.6.41 gest.
899 B	[redacted], Adolf	6.8.79	1.4.33	Gen.Epil.	"	-	6.6.41 "
547 B	[redacted], August	18.7.89	22.6.2o	Schiz.	"	-	5.6.41 "
7o6 B	[redacted], Peter	24.5.83	5.8.27	"	"	-	3o.5.41 "
1442 B	[redacted], Karl	2o.7.o7	3o.6.37	"	"	-	3o.5.41 "
Langenhagen	[redacted], Hans	3.12.o2	14.6.37	Pr.Paralyse	23.4.41	-	31.5.41 "
1576 B	[redacted], Arnold	2o.8.97	6.9.38	"	24.4.41	-	4.6.41 "
595 B	[redacted], Fritz	27.1.87	1.12.2o	Schiz.	"	-	31.5.41 "
726 B	[redacted], Willm	27.12.78	19.5.14	Gen.Epil.	"	-	4.6.41 "
12[illegible] B	[redacted], Otto	15.4.89	23.11.35	P.P.	23.4.41	-	
Hildesheim	[redacted], Bernh.	25.7.68	6.1.39	Schiz.	"	-	5.6.41 "
12o9 B	[redacted], Wilhelm	12.11.7[illegible]	14.11.33	Gen.Epil.	24.4.41	-	
1o59 F	[redacted], Gustav	16.1o.79	7.7.34	angeb. Schwachs.	23.4.41	-	3o.5.41 "
796 B	[redacted], Karl	3.5.83	15.1.32	Schiz.	24.4.41	-	4.6.41 "
1575 B	[redacted], Kurt	18.1o.86	2.9.38	Epilepsie	"	-	4.6.41 "
184[illegible] B	[redacted], Georg	27.8.o1	3o.1o.39 A. 5.7.40 B.	Encephal.	"	-	4.6.41 "
1294 B	[redacted], Hinr.	17.11.81	27.[illegible].36	angeb. Schwachs.	"	-	8.5.41 "
1556 B	[redacted], Franz	17.6.17	6.7.38	"	"	-	14.6.41 "
758 B	[redacted], Heinr.	29.3.o2	28.6.34	Schiz.	23.4.41	-	3o.5.41 "
1286 B	[redacted], Karl	21.5.o8	6.5.36	Schwachs.	24.4.41	-	
1151 B	[redacted], Wilhelm	23.4.o8	3.5.35	Schiz.	"	-	31.5.41 "
615 B	[redacted], Heinrich	18.11.87	23.2.22	"	24.4.41	-	5.6.41 "
654 B	[redacted], Karl	11.3.88	26.2.23	"	"	-	5.6.41 "
844 B	[redacted], Joh.	11.5.87	25.7.32	"	23.4.41	-	3o.5.41 "
678 B	[redacted], Franz	28.8.76	19.12.24	"	24.4.41	-	3o.5.41 "
Lghagen	[redacted], Bruno	1.2.o6	18.2.37	"	23.4.41	-	4.6.41 "
859 B	[redacted], Abrm	1o.3.71	4.8.1o	"	23.4.41	-	31.5.41 "
514 B	[redacted], Georg	22.11.93	6.11.17	"	24.4.41	-	31.5.41 "
322 B	[redacted], Karl	22.1o.68	23.3.oo	Angeb. Schwachs.	23.4.41	-	4.6.41 "

Die beigefügte Liste bedarf keines Kommentars (siehe Abbildung).

Die Todesliste betrifft ausschließlich Kranke, die am 23. und 24. April 1941 verlegt worden sind. Umfassende Informationen über

Nr.	Name, Vorname	Geb.Tag	Aufn.Tag	Diagnose	Entl.	Neuer Unterbr.Ort	Bemerkungen
974 B	[redacted], Friedr.	26.12.06	19.7.37	Schiz.	24.4.41	-	30.5.41 gest
1115 B	[redacted], Karl	21.6.00	28.12.34	"	"	-	5.6.41 "
1717 B	[redacted], Georg	30.10.76	26.8.39	Taboparal.	23.4.41	-	27.5.41 "
1662 B	[redacted], Arthur	9.9.99	29.3.39	Angeb. Schwachs.	24.4.41	-	31.5.41 "
1504 B	[redacted], Arno	10.3.14	1.12.37	Gen.Epil.	24.4.41	-	31.5.41 "
948 B	[redacted], Wilh.	21.7.88	7.9.33	Erbl.Fallm.	24.4.41	-	31.5.41 "
1098 B	[redacted], Hermann	28.10.05	2.11.34	Angeb. Schwachs.	"	-	31.5.41 "
446 B	[redacted], Karl	17.6.68	19.5.14	Schiz.	"	-	31.5.41 "
1311 B	[redacted], Robert	6.2.04	14.7.36	"	"	-	30.5.41 "
885 B	[redacted], Heinr.	31.5.95	7.2.33	Gen.Epil.	"	-	
914 B	[redacted], Hermann	31.12.68	21.4.33	Schiz.	"	-	24.5.41 "
907 B	[redacted], Christ.	22.9.96	1.4.33	"	"	-	31.5.41 "
571 B	[redacted], Julius	13.5.79	22.6.20	"	"	-	5.6.41 "
915 B	[redacted], Rudolf	23.4.07	21.4.33	"	"	-	30.5.41 "
1497 B	[redacted], Georg	25.3.14	18.11.37	"	"	-	4.6.41 "
647 B	[redacted], Claus	2.12.86	24.4.23	"	"	-	31.5.41 "
1049 B	[redacted], Franz	21.1.00	11.6.34	P.P.	"	-	31.5.41 "
683 B	[redacted], Johann	24.5.65	19.12.24	Schiz.	"	-	30.5.41 "
1348 B	[redacted], Otto	4.4.09	15.10.36	"	"	-	30.5.41 "
1493 B	[redacted], Karl	24.2.85	11.11.37	"	"	-	6.6.41 "
1498 B	[redacted], Wilhelm	27.2.14	19.11.37	Gen.Epil.	"	-	30.5.41 "
1777 B K	[redacted], Alois	3.2.10	30.1.40	Postencephalitis	"	-	30.5.41 "
Lghagen.	[redacted], Joh.	3.7.09	21.5.37	Schiz.	"	-	31.5.41 "
687 B	[redacted], H.	6.5.78	[illegible]	m.depr. Irresein	"	-	31.5.41 "
1360 B	[redacted], Robert	27.2.74	14.8.36	P.P.	"	-	30.5.41 "
1001 B	[redacted], Tobias	31.10.05	19.4.33	Angeb. Schwachs.	"	-	5.6.41 "
602 B	[redacted], Heinr.	30.5.75	14.12.21	Schiz.	"	-	4.6.41 "
3501 A	[redacted], Aug.	25.1.73	1.8.25	"	"	-	5.6.41 "
590 B	[redacted], Joh.	16.4.80	22.6.20	"	"	-	5.6.41 "

das Schicksal der später verlegten Kranken fehlen. Nur im Einzelfall kommen Rückmeldungen, fast immer sind es Todesnachrichten.

Das Rechnungswesen von Verlegung und Mord

Auch Mord verursacht Kosten. Wenn er im Rahmen einer wohl geordneten Bürokratie durchgeführt wird, muß darüber Rechnung gelegt werden. Das ist im Rahmen der planwirtschaftlichen Verlegungen geschehen. Infolgedessen bietet die Rechnungslegung auf indirektem Wege Aufschluß über Details, die offensichtlich gar nicht mitgeteilt werden sollten.

1. Die Pflegekosten

Bereits vor den Transporten wird ein Modus der Verrechnung der Pflegekosten angeordnet, der die Vernichtungsanstalten weitgehend von bürokratischer Arbeit entlastet. Diese sollen sich nicht unmittelbar an die Kostenträger direkt wenden. Stattdessen sollen die Heimatanstalten der verlegten Kranken die Pflegesätze weiterhin einziehen und die Beträge an die Zielanstalten weiterüberweisen.

Komplikationen:

»Wie nunmehr bestimmt worden ist, haben bis auf weiteres die bisherigen Kostenträger die in den neuen Anstalten entstehenden Kosten (2,64 RM und Nebenkosten) weiter zu tragen.
Um das Abrechnungsverfahren möglichst einfach zu gestalten, ordne ich an:

1. Die Kosten für die übergeführten orts- und landhilfsbedürftigen Kranken sind, wie bisher, in die Jahresrechnung aufzunehmen. In Spalte Bemerkung ist die jetzige Anstalt und der Tag der Verlegung anzugeben.
2. Die in den neuen Anstalten entstehenden Pflegekosten sind auf Anfordern von der dortigen Anstaltskasse unmittelbar an die betreffenden neuen Anstalten zu zahlen, die von mir entsprechend unterrichtet worden sind.
3. Für die Selbstzahler (einschl. der Hamburger, Bremer und Rheinländer Kranken pp.) sind die Kosten von den bisherigen Kostenträgern einzuziehen und an die neue Aufenthaltsanstalt in der *bisherigen Höhe* abzuführen. Die Zuschläge für Einzelzimmer, Kostverbesserung usw. fallen natürlich fort. Es kommt lediglich der nackte Pflegesatz in Frage.
   Über etwaige Veränderungen (Entlassung, Tod usw.) werde ich Nachricht geben.«

Diese Verfügung wird bereits am 8. April 1941 ergänzt:

»Das Abrechnungsverfahren für die übergeführten Geisteskranken ist durch meine Rundverfügung vom 29. März ds.Js. 40 3304 geregelt. Die neuen Aufnahmeanstalten sind nunmehr von mir ersucht worden, die Pflegekosten von den Abgabeanstalten anzufordern. Sie sind ferner ersucht worden,

a) die Pflegekosten nach den bisher gültigen Pflegesätzen zu berechnen,
b) in der Rechnung die Kranken namentlich getrennt nach Ortshilfsbedürftigen, Landhilfsbedürftigen und Selbstzahlern aufzuführen,
c) etwaige Veränderungen (Entlassung, Tod usw.) den Abgabeanstalten unmittelbar mitzuteilen.

Ich ersuche, mir über die Veränderungen in der bisher üblichen Weise zu berichten. Der letzte Absatz meiner Verfügung vom 29.3. ds. Js. ist damit gegenstandslos geworden.
Ich mache noch besonders darauf aufmerksam, daß Kranke, die von den Übernahmeanstalten in andere Anstalten weiterverlegt worden sind, aus meiner Fürsorge ausscheiden.
Für diese können also keine Pflegekosten mehr gefordert werden.
Die in den neuen Aufnahmeanstalten entstehenden Pflegekosten für Hilfsbedürftige und Selbstzahler sind diesen auf Anfordern zu zahlen und in der Rechnung unter E Titel 1, Nr.1 von der Einnahme abzusetzen. Für die orts- und landhilfsbedürftigen Pfleglinge werde ich die Kosten durch die Jahresabrechnung in der üblichen Weise erstatten.«

Der vorletzte Absatz der Verfügung ist verblüffend: »Wer wird dann Kostenträger, wenn der Provinzialverband nicht mehr zuständig ist?«

Spätere Verfügungen geben weiteren Aufschluß. Schwierigkeiten und Mißverständnisse sind aufgetreten. In einem Bericht des Oberpräsidenten an den Leiter der Reichsarbeitsgemeinschaft Heil- und Pflegeanstalten, der dem Leiter der Anstalt Wunstorf als Verfügung zur Kenntnis gegeben wird, heißt es in Bezug auf einen Änderungsvorschlag des sächsischen Ministeriums des Innern zur Neuregelung der Einziehung der Pflegekosten:

»Da dies Abrechnungsverfahren auch mit dem Landesrat B. in Wiesbaden vereinbart ist, muß es auch im Interesse der Einheitlichkeit bei meinem Abrechnungsverfahren, das den neuen Aufnahmeanstalten bereits den erheblichen Vorteil bietet, die Pflegekosten nicht von den einzelnen Kostenzahlern einziehen zu müssen, verbleiben.« (5. Mai 1941)

Dazu die Anstalt Wunstorf:

»Nach der Verfügung vom 5.5.1941 – 40 12 26 – sind die Pflegekosten seitens der Abgabeanstalten an die neuen Aufnahmeanstalten zu erstatten, während in der Verfügung vom 8.4.1941 – 40 33 04 Abs.3 – angeordnet ist, daß Kranke, die von den Übernahmeanstalten in andere Anstalten weiterverlegt worden sind, aus der dortigen Fürsorge ausscheiden und für diese keine Pflegekosten mehr gefordert werden können. Ich bitte um Verfügung, wie diese Bestimmungen auszulegen sind. Sind nicht in allen Fällen die Pflegekosten *bis zum Ableben der Kranken von dem bisherigen Zahlungspflichtigen (LFV, BFV oder Selbstzahler) weiter einzuziehen und an die neuen Anstalten zu erstatten?*«

Dieser Widerspruch wird in einer Verfügung vom 24. Mai 1941 aufgelöst:

»Nach einer neuerdings getroffenen Vereinbarung sind die Kosten auch für die Kranken zu zahlen, die von den Übernahmeanstalten in andere Anstalten weiterverlegt worden sind. – Ich hebe daher den vorletzten Absatz meiner Verfügung vom 8.4.1941 – 40 33 04 – auf.«

Zwischenzeitlich taucht ein neues Problem auf: Die Kosten für die Verlegung der Kranken, die im Haushaltsplan des Krankenhauses nicht vorgesehen sind. Der Oberpräsident ersucht um Bericht (1. Juli 1941),

»welche Transportkosten ausschließlich der Reisekosten des Begleitpersonals bei Verlegung von Kranken bisher entstanden sind, und zwar getrennt bis zur Einladung der Kranken in den Abgangszug und hinterher. Dabei sind die Reisekosten des Begleitpersonals und die Krankentransportkosten getrennt anzugeben.
Um Titelüberschreitungen zu vermeiden beabsichtige ich, den Anstalten die entstandenen Kosten eventuell aus Fürsorgemitteln zu erstatten. Dieserhalb ergeht noch besondere Verfügung.«

Die Anstalt am 17. Juli 1941:

»Für den Krankentransport vom 24.4.1941 sind folgende Kosten entstanden:

a)	Kosten bis zur Einladung der Kranken	8,- RM
b)	Reisekosten und Tagegelder des Personals	372,30 RM
c)	Reisekosten für die Kranken	893,80 RM

Weitere Transporte dieser Art sind bisher von hieraus nicht durchgeführt.«

Zwei kurz aufeinanderfolgende Verfügungen vom 21. und 26. Juli 1941 machen sichtbar, daß in der Praxis der Abrechnung erhebliche Schwierigkeiten auftreten, die mit dem *»etwaigen Ableben«* der von planwirtschaftlichen Maßnahmen betroffenen Kranken zusammenhängen. Diese Schwierigkeiten haben offensichtlich ein solches Ausmaß angenommen, daß von der üblichen Praxis abgewichen werden muß, die Krankenpflegekosten im voraus zu erheben:

»Die Anstalten erhalten von dem etwaigen Ableben der infolge der planwirtschaftlichen Maßnahmen verlegten Kranken durchweg nachträglich Kenntnis. Falls sich aus diesem Anlaß bei der Abrechnung der Pflegekosten für die Selbstzahler Schwierigkeiten (Überhebung von Kosten pp.) ergeben sollten, so ist nichts dagegen einzuwenden, daß für diese Kranken die Pflegekosten dem Kostenträger monatlich nachträglich in Rechnung gestellt werden. ... Da sich in der Praxis verwaltungs- und auch kassentechnisch Schwierigkeiten herausgestellt haben, ergänze ich meine den Pflegekostenrechnungen der Zentral-Verrechnungsstelle vereinigter Heil- und Pflegeanstalten in Berlin bisher beigegebenen Verfügungen wie folgt:

Der Oberpräsident
der Provinz Hannover
(Verwaltung des Provinzialverbandes)

Gesch.-Z. 40 00 02 g.
Im Antwortschreiben anzugeben

Hannover M, den 26. Juli 1941.
Am Schiffgraben 6
Fernspr. 5 14 11

Landes-H... Wunstorf
Eing. 29. JULI 1941
Nr. 40 00 02 g

An

den Herrn Direktor der
Landes-Heil- und Pflegeanstalt

in Wunstorf.

- - - - - - - - - - - - - - - - - -

-persönlich oder Vertreter im Amt-

Da sich in der Praxis verwaltungs- und auch kassentechnisch Schwierigkeiten herausgestellt haben, ergänze ich meine den Pflegekostenrechnungen der Zentral-Verrechnungsstelle vereinigter Heil- und Pflegeanstalten in Berlin bisher beigegebenen Verfügungen wie folgt:

1) Die in der Rechnung aufgeführten Kranken sind gestorben. Todestag ist der letzte berechnete Pflegetag.
2) Die Nebenkosten stellen die ~~Beerdigungskosten~~ Bestattungskosten (Beerdigungs-bzw. Feuerbestattungskosten) dar.
3) Die Bezirksfürsorgeverbände und, soweit Renten und Krankenkassenleistungen unmittelbar von der Anstalt eingezogen worden sind, auch die Versicherungsträger, sind künftig von dem Ableben der Kranken in Kenntnis zu setzen.

I.A.

Andreae

1) Die in der Rechnung aufgeführten Kranken sind gestorben. Todestag ist der letzte berechnete Pflegetag.
2) Die Nebenkosten stellen die Bestattungskosten (Beerdigungs- bzw. Feuerbestattungskosten) dar.
3) Die Bezirksfürsorgeverbände und, soweit Renten und Krankenkassenleistungen unmittelbar von der Anstalt eingezogen worden sind, auch die Versicherungsträger, sind künftig von dem Ableben der Kranken in Kenntnis zu setzen.«

Die letzte Verfügung läßt an Deutlichkeit nichts zu wünschen übrig.

2. Die mitgegebene Anstaltskleidung

Bei der Vorbereitung der Transporte wurde großer Wert darauf gelegt, daß mit dem Eigentum der Patienten korrekt verfahren wurde. Zur Transportvorbereitung wurde eine besondere Dienstanweisung für die Anstalten über den Eigentumsnachweis der zu verlegenden Kranken entwickelt:

»Anweisung für die Anstalten über den Eigentumsnachweis der zu verlegenden Kranken.

Bei den infolge *kriegswichtiger Maßnahmen* in letzter Zeit zur Verlegung gelangten Kranken hat sich sehr oft herausgestellt, daß das Eigentum der Kranken entweder bei der Abgabeanstalt zurückblieb oder aber den verlegten Kranken unkontrolliert belassen wurde. Oftmals ist es auch vorgekommen, daß das Eigentum verwechselt wurde, so daß es später nicht möglich war, die Kranken wieder in den Besitz der ihnen gehörenden Gegenstände zu setzen.

In vereinzelten Fällen mußte leider festgestellt werden, daß Anstaltsverwaltungen es an der gebührenden Sorgfalt und Gewissenhaftigkeit hinsichtlich des Privateigentums der Kranken fehlen ließen. Um in Zukunft alle etwa hieraus erwachsenden Schwierigkeiten von vornherein zu beseitigen, wurden *Eigentumsnachweise* für die Kranken gefertigt, die jedoch nur in den Fällen zu verwenden sind, in denen Kranke aus kriegswichtigen Gründen bzw. *auf Anordnung des zuständigen Herrn Reichskommissars verlegt* werden.

Die weißen Eigentumsnachweise sind für männliche, die gelben für weibliche Kranke bestimmt. Auf den Eigentumsnachweisen ist das Privateigentum, getrennt nach neuwertigen und gebrauchten Gegenständen, zu verzeichnen, gesondert hiervon das Anstaltseigentum, in dessen Besitz der Kranke bei der Verlegung ist. Auf dem Eigentumsnachweis ist genügend Platz gelassen, um zusätzliche Eintragungen vornehmen zu können. Die Abgabeanstalt hat für ihre Eintragungen stets die Spalte 1 zu benutzen.

Besondere Sorgfalt ist auf die Aufzeichnung etwa vorhandener Urkunden, Ausweispapiere und dgl. zu legen. Wertgegenstände sind ebenso wie Bargeld gesondert aufzuzeichnen. Sowohl Wertgegenstände als auch Bargeld dürfen bei der Verlegung nicht im persönlichen Besitz des Kranken bleiben, da hierdurch eine ordnungsgemäße Übergabe und Übernahme nicht gewährleistet wird. Außer auf dem Eigentumsnachweis des Kranken *sind Wertgegenstände und Bargeld listenmäßig getrennt zu erfassen und mit der Liste dem Transportleiter bzw. der Aufnahmeanstalt gegen Quittung zu übergeben.*

Die Frage, was unter Wertgegenständen zu verstehen ist, läßt sich bei der Verschiedenartigkeit sowohl der Gegenstände als auch der Auffassung (insbesondere der Kranken und deren Angehöriger) nicht einheitlich festlegen. Es empfiehlt sich daher, auch weniger wertvolle Gegenstände wie einfache Ringe, alte Uhren, Brillen, Anstecknadeln usw. vorsorglich in jedem Falle wie Wertgegenstände zu behandeln, damit überflüssige Rückfragen, Feststellungen und Nachprüfungen vermieden werden.

Besondere Beachtung verdienen auch sogenannte Erinnerungsgegenstände, die oft von nur geringem materiellen Wert sind. Sollte der zu verlegende Kranke im Besitz solcher von ihm oder seinen Angehörigen besonders geschätzten Erinnerungsstücke sein, so empfiehlt es sich, auch diese gesondert auf dem Eigentumsnachweis zu vermerken.

Falls bei der Verlegung des Kranken sperrige Gegenstände, Möbel und dgl. in der Abgabeanstalt verbleiben müssen, ist dies auf dem Eigentumsnachweis des Kranken ausdrücklich unter möglichst genauer Bezeichnung der Gegenstände zu vermerken. In dem Falle haftet selbstverständlich die Abgabeanstalt für pflegliche Behandlung des zurückgelassenen, dem verlegten Kranken gehörenden Eigentums.

Daß nach Möglichkeit das Privateigentum der zu verlegenden Kranken geschlossen in Koffern, gut verschnürten Paketen oder dgl. beim Abtransport mitzugeben ist, bedarf keines besonderen Hinweises. Die Anstalten müssen, wie leider die Erfahrung gezeigt hat, besser darauf achten, daß solche Pakete, Koffer und dgl. deutlich und leserlich mit dem Namen des Kranken bezeichnet werden.«

Im Krieg sind Kleider Mangelware

Anfang Mai 1941 taucht das Problem auf, wie denn mit der Anstaltskleidung zu verfahren sei, die den Patienten mitgegeben worden ist. Der Oberpräsident am 10. Mai 1941 an die Anstalt:

»Wie ich bei einer Anstalt festgestellt habe, ist bei den planwirtschaftlichen Verlegungen im April 1941 eine Menge der Anstalt gehörige Wäsche und Kleidung mitgegeben worden. Hierzu gehört insbesondere die Wäsche der fürsorgerechtlich hilfsbedürftigen Insassen, die sich bereits längere Zeit in den Anstalten befinden, auch wenn sie mit dem Namen des Kranken gezeichnet ist.

Ich mache die Anstalt dafür verantwortlich, daß diese Wäsche, wenn sie von den Kranken nicht mehr benötigt wird, an die Anstalten zurückgesandt wird. Ich ersuche daher um Mitteilung:

1. wieviel Anstaltswäsche und -kleidung sie durchschnittlich jedem einzelnen Kranken mitgegeben hat,
2. in welcher Weise für die demnächstige Rückgabe dieser Kleidungsstücke gesorgt ist.«

Die Antwort der Anstaltsleitung, die sich im handschriftlichen Entwurf bei den Akten befindet, ist voller durchgestrichener Sätze und handschriftlicher Korrekturen:

»Den von hier verlegten Kranken wurden aus Anstaltsbeständen nur eine Ausstattung (1 Anzug, 1 Paar Stiefel) und zwei Garnituren Wäsche (2 Hemden, 2 Paar Strümpfe, 2 Taschentücher) mitgegeben. Ich bitte um Weisung, ob auch diese Wäschestücke zurückzufordern sind, da es voraussichtlich auf Schwierigkeiten stoßen wird. Auch ist meist vorläufig nicht bekanntgeworden, in welche Anstalten die Kranken weiterverlegt sind. Auch habe ich bisher in keinem Fall offiziell Nachricht von dem Ableben dieser Kranken erhalten. Letzteres ist mir in einigen Fällen durch Angehörige zur Kenntnis gekommen.

Soweit die Kranken eigene Sachen hatten, sind diese bis auf wenige Ausnahmefälle restlos mitgegeben. Ich bitte um Weisung, ob diese Sachen, sofern sie Hilfsbedürftigen gehören, ggf. ebenfalls zurückgefordert werden sollen. Sofern sich diese Sachen noch hier befinden, schlage ich vor, sie anstaltsseitig nach Schätzung zu übernehmen bzw. sie zu veräußern.«

Der Entwurf zu diesem handschriftlichen Bericht ist auf den 4. Juni 1941 datiert. Der Bericht wird am 6. Juni 1941 an den Oberpräsidenten abgesandt, an dem Tag, an dem die Vernichtung der nach Idstein verlegten Kranken in Hadamar beendet ist. Der Oberpräsident spricht das Problem der Kleidung der verlegten Patienten in einer Verfügung vom 20. Juni noch einmal an:

»Aus den Berichten der Anstalten zu meiner Vfg. v. 10.5.1941 entnehme ich, daß die meisten Anstalten den Kranken nur eine einmalige Ausstattung auf dem Leib mitgegeben haben und nur eine Anstalt eine der reglementsmäßigen angenäherte Ausstattung mitgegeben hat. Künftig haben alle Anstalten wie bisher die Mehrzahl zu verfahren. Die Reichsarbeitsgemeinschaft Heil- und Pflegeanstalten hat mir mitgeteilt, daß die Aufnahmeanstalten die Kranken mit eigener Kleidung ausrüsten und die Kleidung, die ihrer Anstalt gehört, zurücksenden wollen. Ich ersuche danach, dafür zu sorgen, daß die Kleidung demnächst zurückgegeben wird. Soweit die Anstalt nicht in der Lage ist, die Kleidung nach einigen Tagen der Anstalt zurückzuschicken, muß dies später geschehen. Nach meinen bisherigen Erfahrungen entspricht diese Mitteilung der Reichsarbeitsgemeinschaft nicht der tatsächlichen Praxis der Anstalten. Wenn daher Schwierigkeiten entstehen sollten, ersuche ich um Bericht. Sachen, die den Kranken oder ihren Angehörigen selbst gehören, sind nicht zurückzufordern. Soweit die Angehörigen deshalb vorstellig werden, sind sie an die Aufnahmeanstalt zu verweisen.«

Dazu berichtet die Anstalt am 1. Juli:

»Bisher sind der hiesigen Anstalt Kleidungsstücke von verlegten und inzwischen verstorbenen Kranken nicht zurückgesandt. Es ist hier auch nicht bekannt, in welchen Anstalten sich diese Kranken zuletzt befanden. Um die Sachen zurückfordern zu können, müßten mir die in Frage kommenden Anstalten mitgeteilt werden, falls sich die Angelegenheit nicht in anderer Form generell erledigen läßt.«

Hier scheint das System sich in seinen eigenen Fangschnüren verstrickt zu haben. Die vorgesetzte Behörde kommt auf die Angelegenheit vorerst nicht mehr zurück. Erst im Dezember 1941 wird sie wieder aktiv. Wie das bei Behörden so üblich ist, fordert sie zunächst einen Bericht an. Dann, am 30. Januar 1942, wird sie massiv:

»Die mir aufgrund meiner Verfügung vom 19.12.1941 vorgelegten Berichte ergeben, daß teilweise die Rückforderung der Kleidungsstücke nicht mit dem nötigen Nachdruck betrieben worden ist.
Ich ersuche nunmehr, in meinem Auftrage an die Aufnahmeanstalten, denen die Kranken von dort überwiesen sind, heranzutreten und energisch die Rückgabe der noch fehlenden anstaltseigenen Kleidung und Wäschestücke

pp. zu fordern. Es ist den Anstalten dabei mitzuteilen, daß nach einer Vereinbarung mit der Zentralverrechnungsstelle Vereinigte Heil- und Pflegeanstalten in Berlin die anstaltseigene Kleidung, die von hannoverschen Anstalten Patienten mitgegeben ist, von den aufnehmenden Zwischenanstalten sofort nach Eintreffen der Patienten an die hannoverschen Anstalten zurückzuschicken ist, diese also schon längst wieder in Händen der Abgabeanstalt sein müßte.
Es ist genau zu überwachen, daß sämtliche Stücke zurückgegeben werden. Auftretende Schwierigkeiten sind mir unter Beifügung des Schriftwechsels mitzuteilen. Ferner ersuche ich, zum 15. Februar 1942 über den Stand der Angelegenheit zu berichten.«

Eine lebhafte Korrespondenz mit Idstein, Scheuern und Eichberg entspinnt sich. So antwortet Scheuern am 18. Februar 1942:

»Nach den bei der Überführung mitgegebenen Kleiderverzeichnissen sind folgende Stücke Eigentum der dortigen Anstalt:
17 Hosen, 18 Jacken, 17 Westen, 3 Hüte, 23 Mützen, 12 Hosenträger, 20 Paar Strümpfe, 16 Paar Schuhe, 21 Hemden.
Außerdem wurden 30 Werktagsanzüge von Ihnen nachgeliefert.
Wir sind bereit, die Hosen, Jacken, Westen, Hüte, Mützen und Hosenträger Ihnen sofort zurückzuschicken, aber die Schuhe, Strümpfe und Hemden können wir im Augenblick noch nicht entbehren, weil wir keinen Ersatz haben.
Ich bitte um gefällige Mitteilung, welche Beträge Sie dafür verlangen, für den Fall, daß wir die Sachen käuflich erwerben müssen.
Heil Hitler!«

Die Heil- und Pflegeanstalt Wunstorf:

»Leider bin ich nicht in der Lage, der dortigen Bitte um käufliche Überlassung der Schuhe, Strümpfe und Hemden zu entsprechen, da gerade diese Sachen hier dringend benötigt werden. Ich bitte daher, mir auch diese Kleidungsstücke baldmöglichst zurückzusenden.«

Mit einem handschriftlichen Entwurf für einen Bericht an den Oberpräsidenten endet die Akte mit dem 19. März 1942. Nicht von Mord und Totschlag war die Rede, sondern von Hemden und Hosen, Strümpfen und Schuhen – ein normaler Verwaltungsvorgang also. Immerhin, daß Schuhe und Strümpfe noch benötigt werden, weist darauf hin, daß ein Teil der verlegten Kranken noch lebt.

3. Die Beerdigungskosten

Neben Transport- und Verlegungskosten fallen auch Beerdigungskosten an. Dieses Problem wird relativ rasch sichtbar, denn mehrere Patienten versterben unmittelbar nach dem ersten Transport in der neuen Aufnahmeanstalt Idstein. In den Dokumenten wird das Problem erstmals am 5. Mai 1941 in einem Schreiben des Oberpräsidenten an den Leiter der Reichsarbeitsgemeinschaft Heil- und Pflegeanstalten angesprochen:

»Bezüglich der Beerdigungskosten bin ich mit dem vorgeschlagenen Verfahren, insbesondere daß diese in Höhe von 60,- RM für jeden Sterbefall von der Reichsarbeitsgemeinschaft Heil- und Pflegeanstalten bei den Ursprungsanstalten angefordert werden, einverstanden. Meine Anstalten sind benachrichtigt. Ich bitte, wegen Einziehung der Beerdigungskosten auch Landesrat B. in Wiesbaden entsprechend zu unterrichten.«

In einem Zusatz an den Leiter der Heil- und Pflegeanstalt Wunstorf heißt es:

»Ich ersuche, die Beerdigungskosten in Höhe der für jeden Sterbefall festgesetzten Pauschale von 60,- RM an die Reichsarbeitsgemeinschaft Heil und Pflegeanstalten in Berlin auf Anfordern zu zahlen und mir durch die Jahresabrechnung in Rechnung zu stellen.
Sobald ein Sterbefall bekannt wird, ist der zuständige Bezirksfürsorgeverband in der üblichen Weise mit Nachricht zu versehen, damit Zuschüsse, Renten usw. nicht überhoben werden.«

Diese Verfügung kommt zu spät. Denn die Wunstorfer Anstalt hat im Rahmen einer Sammelrechnung der Anstalt Idstein über angefallene Pflegekosten bereits einen höheren Betrag erstattet. Am 23. Mai 1941 berichtet sie entsprechend an den Oberpräsidenten:

»Von den seinerzeit in die Heilerziehungsanstalt Kalmenhof in Idstein überführten Kranken sind dort vor ihrer Weiterverlegung zwei Kranke (G. und Frau J.) verstorben. An Beerdigungskosten sind für jeden Einzelfall 108,00 RM in Rechnung gestellt, die ich zur Erstattung an Idstein angewiesen habe.«

Die Anstalt wird angewiesen, die überzahlte Summe zurückzufordern. Das geschieht am 6. Juni 1941:

». . . ich bin daher angewiesen, die aufgrund Ihrer Gesamtrechnung vom 16.5.1941 berechneten und inzwischen von mir angewiesenen Beerdigungskosten für die Kranken G. und J. (je 108,00 RM = 216,00 RM) zurückzufordern. Ich bitte daher um baldige Erstattung.«

Wenige Wochen später in der bereits angeführten Verfügung vom 26. Juli 1941 wird sichtbar, daß die Beerdigungskosten zu Standardnebenkosten geworden sind:

»Die Nebenkosten stellen die Beerdigungskosten (Beerdigungs- bzw. Feuerbestattungskosten) dar.« (Vgl. S. 93)

Ein Pedant hat das Wort Beerdigungskosten vor der Klammer handschriftlich korrigiert und in »Bestattungskosten« umgewandelt. Zu diesem Zeitpunkt muß im Krankenhaus bereits bekannt gewesen sein, daß keiner der nach Idstein verlegten Kranken die am 14. Mai 1941 erfolgte Weiterverlegung nach Hadamar überlebt hatte.

Die Auflösung der Anstalt

Am 1. August 1941 waren insgesamt 212 von ursprünglich 690 Wunstorfer Patienten im Rahmen von planwirtschaftlichen Maßnahmen verlegt worden. Zu diesem Zeitpunkt stand bereits fest, daß mit weiteren Verlegungen aus der Anstalt nicht zu rechnen sei. Die Gemeinnützige Krankentransport-GmbH formuliert das so:

»Auf ihr Schreiben vom 22.7.1941 kann ich Ihnen mitteilen, daß zunächst mit der Übersendung von weiteren Verlegungslisten für die Anstalt Wunstorf nicht zu rechnen ist.«

Zu diesem Zeitpunkt war allerdings über das Schicksal der Einrichtung selber schon entschieden. Die Anstalt wurde zum 1. September 1941 aufgelöst. Die verbliebenen Kranken wurden nach Hildesheim und Lüneburg verlegt. Diese Entwicklung hatte sich bereits am 31. März 1941 angedeutet. Nach Verlegung der ersten Kranken vollzog sie sich dann Zug um Zug. Erst im Jahre 1945 wurde sie wieder geöffnet.

Epilog 1: Ein Runderlaß

Reichsministerium des Innern

IV g 8902/43 II
5106

Es wird gebeten, dieses Geschäftszeichen und den Gegenstand bei weiteren Schreiben anzugeben.

Berlin, den 4. April 1943
NW 7, Unter den Linden 72
Fernsprecher: Ortsanruf 120084
Fernanruf 120087
Fernschreiber: Ortsverkehr 517
Fernverkehr K1 517
Drahtanschrift: Reichsinnenminister.

Ministerialdirigent Dr. Linden

Die Reichsarbeitsgemeinschaft Heil- und Pflegeanstalten hat, wie Ihnen bekannt sein dürfte, im Rahmen der von ihr durchzuführenden Aufgaben auch mehrere Ärzte (Psychiater) beschäftigt. Nachdem die planwirtschaftlichen Maßnahmen in den Heil- und Pflegeanstalten auf Grund höherer Entscheidung z.Zt. nicht weiter fortgeführt werden sollen, sind die von der Reichsarbeitsgemeinschaft bisher beschäftigten Ärzte entbehrlich geworden. Es handelt sich dabei meist um ältere Parteigenossen, die sich um die Durchsetzung des nationalsozialistischen Gedankenguts durch ihre Betätigung bei der Reichsarbeitsgemeinschaft erhebliche Verdienste erworben haben. Die Reichsarbeitsgemeinschaft ist daher an mich mit der Bitte herangetreten, diesen Herren eine besondere Förderung angedeihen zu lassen. Da das Reich selbst über keine Irrenanstalten verfügt, ist mir das nur mit Ihrer Hilfe möglich. Ich erlaube mir daher die Anfrage, ob bei Ihrer Verwaltung ggfs. die Neigung bestünde, einen Psychiater entsprechender Qualitäten in eine leitende Anstaltsstelle der dortigen Verwaltung zu übernehmen. Wenn Sie grundsätzlich hierzu bereit wären, würde ich veranlassen, daß die in Frage kommenden Herren sich bei Ihnen vorstellen. Ich glaube bestimmt, daß die von der Reichsarbeitsgemeinschaft durchgeführten Maßnahmen zu gegebener Zeit wieder aufleben werden, wobei vielleicht die Art der Durchführung eine andere sein wird, insbesondere es vielleicht nötig werden wird, die öffentlichen Heil- und Pflegeanstalten in größerem Umfange in den Vollzug der Maßnahmen einzuschalten. Gerade dann wäre aber das Vorhandensein eines diese Maßnahmen unbedingt bejahenden Direktors von außerordentlicher Wichtigkeit.

Ich wäre dankbar, wenn Sie mich bald mit Ihrer geschätzten Antwort versehen würden.

H e i l H i t l e r !

Ihr

x Hier kann niemand mehr im Zweifel sein, was unter „diesen Maßnahmen" zu verstehen ist.

A

Epilog 2: Nach 1945

Im August 1945 erfährt der Regierungspräsident von Lüneburg gerüchtweise, daß »Ärzte der Landes-Heil- und Pflegeanstalt Lüneburg Weisung erhalten hatten, unheilbar Kranke bestimmten Heil- und Pflegeanstalten zuzuweisen, die dazu bestimmt waren, diese Kranken zu töten«. Der Vater eines verstorbenen Behinderten hat Anzeige erstattet. Der Regierungspräsident wendet sich an den Oberpräsidenten der Provinz Hannover mit der Bitte, die Angelegenheit zu untersuchen. Es zeigt sich, »...daß an den Gerüchten über die Überführung von Kranken in andere Anstalten zwecks Tötung etwas Wahres daran ist und daß die Provinzialverwaltung beabsichtigt, dem Oberpräsidenten vorzuschlagen, daß diese Angelegenheit allgemein für die Heil- und Pflegeanstalten der Provinz untersucht würde.« Federführend für die Untersuchung ist der Beamte, dessen Unterschrift sich neben jener des Landeshauptmanns unter den Dokumenten findet, die die Judenverlegungen wie die planwirtschaftlichen Verlegungen anordnen und die deren Durchführung überwachen. Am 1. Oktober 1945 berichtet er:

»Der Herr Reichsminister des Innern hat im Sommer 1940 an sämtliche Heil- und Pflegeanstalten der Provinz Fragebogen geschickt, in denen bestimmte Typen von Krankheiten, insbesondere solche, die vermutlich dauernd anstaltspflegebedürftig waren, mitgeteilt werden sollten. Ein Zweck für diese Anfrage war nicht zu erkennen. Diese Fragebogen sind dem Minister seinerzeit für die betreffenden Kranken ausgefüllt worden.
Im Februar 1941 und den folgenden Monaten haben alle Heil- und Pflegeanstalten der Provinz Hannover, darunter auch Lüneburg, die Aufforderung bekommen, bestimmte näher bezeichnete Kranke, ausschließlich solche, für die Fragebogen ausgefüllt waren, in andere bezeichnete Anstalten zu verlegen. Als Begründung für diese Maßnahme wurde die Planwirtschaft bezeichnet. Es sollte für Kranke, die voraussichtlich dauernd in Anstaltspflege blieben und für die eine ärztliche Behandlung mit dem Ziele der Heilung oder Besserung ihres Leidens nicht mehr in Frage kam, in einfachen Pflegeanstalten zusammengefaßt werden, während die eigentlichen Heil- und Pflegeanstalten für klinisch zu behandelnde Kranke und wertvolle Arbeitskräfte der Anstalten beibehalten werden sollten. Diesen Anforderungen ist entsprochen worden. Auch aus der Lüneburger Anstalt sind mehrere Hundert Kranke in andere Anstalten verlegt worden. Aus den Anforderungen ging keineswegs hervor, daß die betreffenden Kranken getötet werden sollten. Es war vielmehr von planwirtschaftlichen Verlegungen die Rede.
Diese Aktion hat sich fast über ganz Deutschland erstreckt. In der Folgezeit sind lediglich Gerüchte aufgetaucht, daß die verlegten Kranken in den Aufnahmeanstalten getötet seien. Ich glaube daher, annehmen zu sollen, daß die Militärregierung diese Vorwürfe für alle Beteiligten in ganz Deutschland einheitlich untersuchen wird.«

Die Ermittlungen kamen nur schleppend in Gang. Erst 1949 erhob die Staatsanwaltschaft beim Landgericht Hannover gegen Landeshauptmann Gessner und seine Mitarbeiter Anklage wegen Beihilfe zum Mord. 1950 wurden alle Angeklagten freigesprochen. Ihnen wurde zugute gehalten, daß sie in einer Art Befehlsnotstand gehandelt hätten, vor allem aber, daß sie nachweislich versucht hätten, so viele Kranke wie möglich vor der Verlegung zu bewahren. Gegen Mitarbeiter der Anstalt wurde keine Anklage erhoben. Die von mir vorgelegten Dokumente waren Beiakten im Verfahren vor dem Schwurgericht des Landgerichts Hannover.

So weist der Reichsminister des Innern die Krankenhäuser und Anstalten bereits im Juni 1938 an, arische und jüdische Kranke getrennt unterzubringen, um der Rassenschande vorzubeugen. Die Provinzialverwaltung leitet diesen Erlaß zunächst nicht weiter. Erst mit fünfmonatiger Verzögerung holt sie das im November 1938 nach. Der verantwortliche Beamte schreibt, der Erlaß sei ihm bisher »wohl aus Versehen« nicht bekanntgeworden.

Verstrickung auf dem Dienstweg

In der Landes-Heil- und Pflegeanstalt Wunstorf ist kein Patient getötet worden. 158 jüdische psychisch Kranke aus dem norddeutschen Raum sind über Wunstorf in Vernichtungsanstalten im Generalgouvernement Posen verlegt worden. 212 Wunstorfer Patienten wurden zur Tötung nach Eichberg, Idstein und Scheuern verlegt. Niemand hat unmittelbar getötet. Aber Mitarbeiter des Krankenhauses und der Provinzialverwaltung haben wissentlich oder ohne ihr Wissen, willentlich oder gegen ihren Willen im Vorfeld der Mordaktion ihren Beitrag geleistet, mag er auch noch so geringfügig sein. Sie wurden auf dem Verwaltungsdienstweg in die Tötung der ihnen anvertrauten Patienten verstrickt. Zunächst mögen sie guten Glaubens gewesen sein. Aber dann – spätestens im Juli 1941 – haben die Verantwortlichen im Krankenhaus erfahren, daß keiner der ersten verlegten 95 Patienten überlebt hatte.

Tatsächlich wurde nach dem Krieg gegen den Landeshauptmann Gessner, der bei der Provinzialverwaltung die Federführung für die planwirtschaftlichen Verlegungen gehabt hatte, ermittelt und Anklage erhoben. 1949 und 1950 wurde vor dem Schwurgericht Hannover wegen Beihilfe zum Mord gegen ihn und einige Mitarbeiter verhandelt. Die Angeklagten wurden freigesprochen, weil sie sich nicht hätten entziehen können. Ihnen wurde vom Gericht zugute gehalten, daß sie nachweisbar versucht haben, so viele Patienten wie möglich vor der Verlegung und Ermordung zu retten.

Es geht in diesem Buch nicht um die Frage, wer wann wovon erfahren hat und wer in welcher Weise im einzelnen schuldig geworden ist. Es geht um das teuflische System, das im Reichsministerium des Innern ausgeheckt wurde, um die Mordaktion durchzuführen und sich dabei der Hilfe zahlreicher argloser pflichtbewußter öffentlicher Bediensteter zu versichern. Mörder, die unmittelbar Hand anlegten, brauchte man auf diese Weise nur wenige. Das Gelingen der Aktion hing davon ab, daß Verwaltungsbeamte statistisches Material lieferten, daß Ärzte Fragebögen über Patienten ausfüllten, daß Transporte organisiert, daß Eisenbahnwagen bereitgestellt wurden, daß Krankenpfleger bei der Verlegung halfen und die Transporte begleiteten.

Nichts von alledem war für sich alleingenommen verfänglich oder gar rechtswidrig. Aber alle, die daran teilgenommen haben, mußten sich hinterher fragen, ob sie nicht Beihilfe geleistet hatten.

Selbst wenn sie sich bewußt waren, wozu sie ihre Hand gereicht hatten, war ihr Anteil nicht so gering, daß Widerstand absurd gewesen wäre? Was hätte es gebracht, wenn sich einer der Betroffenen geweigert hätte, die Fragebögen auszufüllen, oder die Verlegung der Kranken zu organisieren? Immerhin befand sich das Land im Krieg; und mit Kriegsnotwendigkeiten wurde die Verlegung der Patienten in andere Anstalten begründet. Selbst wenn man ahnte, daß es hier nicht mit rechten Dingen zuging – konnte es nicht sein, daß man als kleines Rädchen im Getriebe den Gesamtzusammenhang nicht überblickte, daß es tatsächlich Kriegsnotwendigkeiten waren, die die Verlegung notwendig machten? Wer konnte es 1940 oder 1941 schon wagen, sich der Beschuldigung auszusetzen, den raschen Endsieg zu verhindern? Die Dokumente lassen keine begeisterte Zustimmung von Mitarbeitern des Krankenhauses oder der Provinzialverwaltung erkennen. Sie belegen auch keinen offenen Widerstand. Aber sie enthalten immer wieder Hinweise darauf, daß hinhaltender Widerstand geleistet worden ist, daß verzögert wurde, wo immer das möglich erschien.

So weist der Reichsminister des Innern die Krankenhäuser und Anstalten bereits im Juni 1938 an, arische und jüdische Kranke getrennt unterzubringen, um der Rassenschande vorzubeugen. Die Provinzialverwaltung leitet diesen Erlaß zunächst nicht weiter. Erst mit fünfmonatiger Verzögerung holt sie das im November 1938 nach. Der verantwortliche Beamte schreibt, der Erlaß sei ihm bisher »wohl aus Versehen« nicht bekanntgeworden.

Nicht aus den Dokumenten, aber aus mündlichen Berichten ist überliefert, daß einzelne Krankenpfleger und -schwestern die Entlassung von Kranken veranlaßt haben, um sie in ihrer Familie über die Zeit des Krieges vor Verlegung und Ermordung zu schützen.

Der Reichsminister des Innern weist den Leiter der Heil- und Pflegeanstalt bereits im Juni 1940 an, »im Hinblick auf die Notwendigkeit planwirtschaftlicher Erfassung« jene Meldebögen auszufüllen, die später Grundlage für die Durchführung der Tötungsaktionen werden. Der Leiter der Anstalt rührt sich zunächst nicht. Der Vertreter des Provinzialverbandes springt ihm bei: »Zu meinem Bedauern bin ich nicht in der Lage, die Anstaltsleiter anzuweisen, die Meldebögen bis zum 1. August auszufüllen.« Er begründet die Verzögerung mit einem Führererlaß, nach dem nur kriegswichtige Arbeiten durchgeführt werden dürfen. Deswegen sei die Personalbesetzung der Heil- und Pflegeanstalten derzeit so ausgelegt, daß nur der laufende Betrieb fortgeführt werden könne. Die Bewältigung zusätzlicher organisatorischer Arbeiten sei nicht möglich. Die Frist wird bis Mitte September verlängert. Aber erst nach zwei weiteren Mahnungen gehen Ende Oktober die ersten Meldebögen ein.

Offensichtlich erfolgt die Bearbeitung der Bögen in der Anstalt nicht nur schleppend, sondern auch unvollständig. Im Juni 1941 sieht sich die Reichsarbeitsgemeinschaft Heil- und Pflegeanstalten beim Reichsminister des Innern veranlaßt, durch eigene Ärzte Kontrollen an Ort und Stelle durchzuführen. Die beiden entsandten Ärzte fanden keine Unterstützung bei den Mitarbeitern des Krankenhauses. Im Bericht der Anstaltsleitung an die vorgesetzte Behörde heißt es vorsichtig:

»Auf der Männerseite scheinen – offenbar irrtümlicherweise – die in einem Gebäude der allgemeinen Abteilung untergebrachten Geisteskranken unberücksichtigt geblieben zu sein. Es bestand hier allgemein der Eindruck, daß die Herren bei ihren Untersuchungen möglichst unbehelligt sein wollten. So erklärt sich, daß das Übersehen der genannten Kranken mir erst nachträglich durch die Angabe des beteiligten Pflegepersonals bekannt wurde.«

Es erfolgt keine Anweisung zur nachträglichen Erfassung dieser Patienten. Auch die Beziehungen zwischen den Mitarbeitern der Gemeinnützigen Krankentransport-GmbH – einer SS-Tarnorganisation – und den Anstaltsmitarbeitern waren gespannt. Das läßt sich zwischen den Zeilen eines Vermerkes der Anstalt über die Verlegung der jüdischen Geisteskranken im September 1940 lesen. Dieser enthält keine Kritik an der Sache. Er schildert in völlig überflüssiger Weise einen Zusammenstoß zwischen einem Krankenpfleger des Hauses und einem Angehörigen der Transportgesellschaft. Es handelt sich um eine Bagatelle. Aber dahinter verbirgt sich tiefe Abneigung.

Die Dokumente belegen, daß die Krankenhausmitarbeiter um die Streichung möglichst vieler Patienten von den Verlegungslisten gekämpft haben. Diese Listen gehen der Anstalt seit März 1941 zu. Von 81 Männern und 33 Frauen, die für den ersten Transport vorgesehen sind, können 23 Männer und 11 Frauen zunächst zurückgehalten werden. Ein Teil von ihnen muß später dennoch verlegt werden, weil die Reichsarbeitsgemeinschaft Heil-und Pflegeanstalten die Gründe für die Zurückhaltung nicht anerkennt. Am deutlichsten wird das Ringen der Krankenhausmitarbeiter um die Rettung einzelner Patienten am Schicksal von vier Weltkriegsteilnehmern: Verdiente Kriegsteilnehmer dürfen zurückgehalten werden, heißt es in der Verlegungsverfügung. Aber wann hat man sich verdient gemacht? Ein Streit darüber bricht aus. Am Ende wird nur einer verschont. Er hat einen Orden. Bei den anderen reichen die Kriegsverdienste nicht aus.

Im Krankenhaus sind keine Patienten getötet worden. Die von mir vorgelegten Dokumente bieten keinen Anhalt, daß Krankenhausmitarbeiter die Verlegung ihrer Patienten mit dem Ziel der Ermordung willentlich unterstützt haben. Aber ohne jeden Zweifel sind die Verantwortlichen im Krankenhaus irgendwann in eine Lage geraten, in der sie sich gezwungen sahen, mehr oder weniger wissentlich einer perfekt organisierten Mordmaschinerie zuzuarbeiten. Ich will im folgenden versuchen, den Bedingungen nachzugehen, unter denen das geschah. Ich lasse mich dabei von Gedanken leiten, die die amerikanische Soziologin Troy Duster (1973) in einem Essay mit dem provozierenden Titel »Massenmord ohne Schuldgefühl« entwickelt hat – ohne ihren Analogien zum Vietnamkrieg oder zu den Rassenproblemen in den Vereinigten Staaten zu folgen.

Die Ermordung von psychisch Kranken und geistig Behinderten hat ebenso ihre Vorgeschichte wie die systematische Ächtung, Diffamierung und Vernichtung der Juden im Dritten Reich. Rassengesetze und das Gesetz zur Verhütung erbkranken Nachwuchses sind – das eine wie das andere – Schritte auf dem Wege einer unmenschlichen Gesellschaft. Die Rassenschande als Verbrechen, die Zwangssterilisierung, die Etikettierung der Juden als Volksschädlinge und der Geisteskranken als »leere Menschenhülsen«, das sind Entwicklungsschritte, die sich parallel zueinander vollziehen. Die Vorgeschichte im Hinblick auf die Geisteskranken hat Dolf Sternberger in seiner einleitenden Dokumentation dargestellt.

Bei den jüdischen Geisteskranken schneiden sich die Linien. An ihnen stellt sich die von Staats wegen verordnete Entmenschlichung grell und schlaglichtartig dar, als der Reichsminister des Innern vorbeugende Maßnahmen gegen Rassenschande unter der Überschrift »Krankenhaushygiene« anordnet. Es ist kein Zufall, daß jüdische Geisteskranke 1940 die ersten Opfer der Massenvernichtungsmaschinerie des Dritten Reiches wurden. Sie waren Opfer, die zuvor in doppelter Weise systematisch ihrer menschlichen Eigenschaften und ihrer Würde entkleidet worden waren. Ihnen folgten alle Geisteskranken und alle Juden.

Dennoch wäre die Ermordung von 100 000 Geisteskranken und Millionen Juden wohl kaum gelungen, wenn ihre Ingenieure nicht drei begünstigende Faktoren hätten ausnützen können: den Krieg, eine Gruppe von skrupellosen Überzeugungstätern und Verbrechern und eine funktionierende staatliche Verwaltung. Ihre Rolle soll uns im folgenden vor allem beschäftigen.

Es ist Aufgabe des Staates und seiner Verwaltung, das Wohl des einzelnen Bürgers und der Gemeinschaft sicherzustellen. Unter normalen Bedingungen ist – zumindest in mitteleuropäischen Ländern – das Vertrauen groß, daß die staatlichen Organe sich der Wahrnehmung dieser Aufgabe verpflichtet fühlen. Es ist ihre definierte Funktion, Recht und Gesetz duchzusetzen und zu verteidigen. Deshalb ist es im geordneten Staatswesen nur schwer vorstellbar, daß das Instrumentarium von Verwaltung und Polizei auch dazu eingesetzt werden könnte, Mord und Totschlag gleichsam auf dem Dienstweg zu organisieren und durchzuführen. Es muß sehr viel geschehen, bevor die Bürger, bevor die Beamten und Angestellten, die im öffentlichen Dienst ihre Pflicht erfüllen, einen solchen unglaublichen Verdacht fassen können.

Die Exekutoren der Euthanasie-Aktion waren zwar nicht vom Staat legitimiert. Aber sie konnten sich auf den Führer berufen. Mit dieser Legitimation bezogen sie die öffentliche Verwaltung in die Durchführung ihrer Pläne ein. Sie führten ihre Mordaktion durch, als handele es sich um eine kriegswirtschaftlich bedingte verwaltungsmäßige Routinearbeit. Sie konnten über weite Strecken offenbar auch glaubhaft machen, daß es sich um eine solche handele: Wenn der Staat die Registrierung und Verlegung von Kranken anordnet, wird es dafür schon plausible Gründe geben. Wenn die Nachricht vom Tode der verlegten Kranken kommt, gibt es dafür – zumal im Krieg – plausiblere Erklärungen als die, daß ausgerechnet der Staat ihre Ermordung angeordnet hätte. Das ist zunächst einmal jenseits aller Vorstellungskraft. Das gilt, meine ich, auch für die meisten Deutschen 1941 im Dritten Reich, zunächst auch für die meisten jener Beamten, die in die Durchführung der planwirtschaftlichen Verlegungen psychisch Kranker und geistig Behinderter einbezogen waren.

Das ändert sich möglicherweise, als die Nachricht vom Massensterben der Patienten bald nach Abgang der Transporte zur Regel wird. Damit taucht für die Mitarbeiter der Verwaltung, die in die Verlegungsaktionen verwickelt sind, die Frage nach der Möglichkeit des Widerstandes und der Pflicht dazu auf. Nun gehört es zu den Selbstverständlichkeiten der innerdienstlichen Beziehungen in der Verwaltung, daß Weisungen befolgt werden müssen. Für Armee und Polizei gilt die Kurzformel: »Befehl ist Befehl.« Beide können nur überdauern, wenn diese Forderung im Alltagshandeln unangetastet bleibt. Selbst wo ein Widerstandsrecht gegen Befehlsmißbrauch in der Verfassung verankert ist, kann es nur in wenigen Ausnahmefällen zum Tragen kommen. Der einzelne hat nur geringe Möglichkeiten, den gesetzlichen und moralischen Gehalt von Befehlen zu überprüfen. Jeder Versuch, es zu tun, bringt ihn unweigerlich in Konflikt mit seinen Vorgesetzten, deren persönliche Integrität und Gesetzestreue er damit offen anzweifelt.

Auch die staatliche Verwaltung kann nur funktionieren, wenn ihre Verfügungen im Regelfall nicht diskutiert, sondern ausgeführt werden. Nach den Veränderungen der letzten fünfzehn Jahre will uns das nicht mehr selbstverständlich erscheinen. Aber im Verwaltungsalltag kommt es auch heute nur ganz selten zur Zurückweisung einer Verfügung von oben, sei es, weil sie ungesetzlich ist; sei es, weil sie unsinnig, überflüssig oder absurd ist. In der Generation unserer Eltern und Großeltern lagen die Dinge noch anders. Geistiger und tätiger Widerstand gegen den Staat, seine Ordnung und seine Institutionen galten leicht als individuelle Anmaßung, schlimmer noch, als Verrat. Vor allem im Kriege war Gehorsam Gebot. Gehorsamsverweigerung mußte zum unverzeihlichen Verbrechen werden. In der Verwaltung war das – und ist es auch heute noch – ein wenig subtiler. Hier geht es um Loyalität gegenüber dem Dienstherrn, um gewissenhafte Pflichterfüllumg, um die Bereitschaft, die Gesetze und die Verfassung zu verteidigen.

Das ist nicht unbillig. Genau das ist die Aufgabe der Verwaltung. Aber über die Inhalte der Forderungen an den einzelnen entscheidet zunächst einmal der Dienstherr selber. Das ist heute nicht anders als vor 40 Jahren. Es kann – mit gewissen Einschränkungen – auch gar nicht anders sein. Die Wahrnehmung des einzelnen Mitgliedes der staatlichen Verwaltung, daß es systematisch unrechtmäßige Weisungen erhält, setzt einen tiefgreifenden und schmerzlichen Prozeß der Bewußtseinsbildung und der Distanzierung voraus. Sie muß bei den Betroffenen zunächst einmal Ratlosigkeit hinterlassen.

Die Verlegung der geisteskranken Juden im September 1940 war auf dem Dienstweg angeordnet worden, die Verlegung der Wunstorfer Patienten nach Idstein, Scheuern und Eichberg desgleichen. Die Anordnungen wurden ausgeführt. Als nach dem ersten Transport bekanntgeworden war, daß keiner der verlegten Kranken überlebt hatte, konnte man versuchen, einzelne Patienten zurückzuhalten und auf diese Weise zu retten. Man konnte auch verzögern. Aber sich verweigern, das war die Angelegenheit von Ausnahmegestalten wie dem Göttinger Psychiatrieprofessor G. Ewald, dem Betheler Pastor von Bodelschwingh und von wenigen anderen, deren Namen die Geschichte weniger Glanz verliehen hat, die darum aber nicht weniger mutig gehandelt haben. Erste Ergebnisse einer umfassenden Untersuchung von R. Seidel weisen im übrigen darauf hin, daß offener Widerstand nicht immer zum Besten der betroffenen Patienten war. Ärztliche Direktoren und Verwaltungsleiter, die sich verweigerten, wurden nicht selten durch gesinnungstreue Nationalsozialisten abgelöst, die dann gründliche Arbeit leisteten. Um der Gerechtigkeit willen sei hinzugefügt, daß es in der Bevölkerung so viel Unruhe und Widerstand gegen die Euthanasie-Aktion gegeben hat, daß die offiziellen Maßnahmen im August eingestellt werden mußten.

Bisher haben wir uns mit jenen Mitarbeitern in der Verwaltung beschäftigt, die eher am Rande in die Mordaktionen an psychisch Kranken und geistig Behinderten verstrickt worden sind. Es hat aber eine Gruppe von Ärzten, von Krankenpflegern und -schwestern und Verwaltern gegeben, die aktiv und voll innerer Überzeugung am organisierten Massenmord mitgewirkt haben. Sie zu verstehen ist schwer. Das gilt für ihre Gesinnung wie für ihre Überzeugung, sie könnten mit dem, was sie taten, durchkommen: mit dem organisierten Mord. Ohne jeden Zweifel rührte der Münsteraner Bischof von Galen in seiner berühmten Predigt vom 3. August 1941 an einen wunden Punkt: Die Tötungsmaßnahmen waren auch nach damaligem Recht schlichter Mord. Sie stützten sich auf nichts mehr als auf einen Brief des Führers an Reichsleiter Bouhler und den Arzt Dr. Brandt.

Es ist allerdings bekannt, daß in nationalsozialistischen Kreisen Verachtung für die verbliebenen Reste von bürgerlichem Recht und bürgerlicher Ordnung herrschte. Sie warteten auf eine Gelegenheit, auch diese Reste zu beseitigen und einem neuen nationalsozialistischen Recht zum Durchbruch zu verhelfen. Die Ermordung der Geisteskranken wurde gleichsam im Vorgriff auf dieses neue Recht durchgeführt und dadurch legitimiert.

Solche Vorgriffe stießen nicht aus moralischen Gründen auf Grenzen. Sie waren eher ein Problem der Durchsetzbarkeit. So ist es zu verstehen, daß mit der Zurücknahme des Euthanasie-Erlasses die sogenannte wilde Euthanasie begann. Fanatisierte Mitarbeiter von Krankenhäusern und Anstalten hungerten und spritzten die ihnen anvertrauten Patienten zu Tode. Sie machten barbarische sogenannte wissenschaftliche Versuche an ihnen. Sie wußten, daß das ungesetzlich war. Aber ihr Handeln entsprach der unmenschlichen Ideologie ihrer Organisation. Sie rechneten mit der Förderung oder doch mit der stillschweigenden Duldung ihres Handelns durch maßgebliche Vorgesetzte.

Daß sie das konnten, ist nirgendwo so zynisch formuliert wie im Erlaß des Reichsministers des Innern vom 4. April 1943. Durch ihn bietet die Reichsarbeitsgemeinschaft Heil- und Pflegeanstalten den Krankenhausträgern Ärzte an, die entbehrlich geworden seien, nachdem die planwirtschaftlichen Maßnahmen in den Heil- und Pflegeanstalten aufgrund höherer Entscheidung zur Zeit nicht weitergeführt werden sollen:

»Es handelt sich dabei meist um ältere Parteigenossen, die sich um die Durchsetzung des nationalsozialistischen Gedankenguts durch ihre Betätigung bei der Reichsarbeitsgemeinschaft erhebliche Verdienste erworben haben ... Ich glaube bestimmt, daß die von der Reichsarbeitsgemeinschaft durchgeführten Maßnahmen zur gegebenen Zeit wieder aufleben werden ... Gerade dann aber wäre das Vorhandensein eines diese Maßnahmen unbedingt bejahenden Direktors von außerordentlicher Wichtigkeit.«

Hier schneiden sich die Wege von Verbrechen und Verstrickung.

Daß die Verbrechen geschehen konnten, ist nicht allein das Ergebnis der Machenschaften einer auch subjektiv bösen Clique. Für Millionen knüpften sich an die Machtergreifung der Nationalsozialisten Hoffnungen auf eine neue bessere Zukunft, auf staatliche und sittliche Erneuerung. Die Rassenideologie war eine mächtige Zeitströmung im Gefolge eines mißverstandenen Darwinismus. Die »Euthanasie« war in den Jahren nach dem ersten Weltkrieg eine vieldiskutierte Zeitfrage. Viele, die sie verfochten, waren – wie die

Dokumentation Dolf Sternbergers belegt – angesehene, durchaus ehrenwerte Zeitgenossen.

Alfred Erich Hoche, psychiatrischer Lehrstuhlinhaber in Freiburg, und Carl Binding, Strafrechtslehrer in Leipzig, waren von der Berechtigung ihres Anliegens, »der Freigabe der Vernichtung lebensunwerten Lebens«, zu innerst überzeugt. Ihre Auffassung war keineswegs allgemein akzeptiert, aber die nationalsozialistische Ideologie hatte sie aufgenommen, weiterentwickelt und pervertiert. Die systematische Diffamierung Geisteskranker und geistig Behinderter, das Gesetz zur Verhütung erbkranken Nachwuchses mit der Sanktionierung von Zwangssterilisierungen hatten den Boden so bereitet, daß in absehbarer Zeit über den Führererlaß hinaus auch eine gesetzliche Sanktionierung der Tötung von Kranken und Behinderten vorstellbar gewesen wäre. Die neue Gesellschaft hatte sich zum Ziel gesetzt, der degenerierten, korrupten, verjudeten bürgerlichen Gesellschaft den Todesstoß zu versetzen. Dafür mutete sie dem Volk Opfer zu.

Angesichts des Infernos, der Angst, des Terrors und der Vernichtung, die sie auslöste, erscheint uns die Logik dieses Systems widerwärtig. Allein zu formulieren bereitet Beklemmungen. Aber sie hat über längere Strecken funktioniert und beträchtliche Teile der Bevölkerung, zumindest vorübergehend, verführt. Sie hat Widerstand überwunden oder niedergewalzt. Sie hat ohne Zweifel über längere Zeit Millionen überzeugt und sich der Duldung weiterer Millionen versichert. Nur auf diese Weise war es möglich, sie mit Hilfe staatlicher Macht und Steuerungsinstrumente in Handlung umzusetzen – im Falle der Tötung von psychisch Kranken und geistig Behinderten mit Hilfe der staatlichen Verwaltung auf dem Dienstweg.

Anhang
Dokumente zu den Geisteskranken-Morden

von Dolf Sternberger
(Die Wandlung 2 (1947), S.160-184)

Du sollst nicht töten
(Das vierte Gebot – 2. Buch Mose, Kap. 20, V. 13)

I. 1920: Die Tür wird einen Spalt weit geöffnet

Im Jahre 1920 veröffentlichten zwei hochangesehene deutsche Professoren, der Strafrechtslehrer Dr. jur. et phil. Karl Binding* und der Psychiater Dr. med. Alfred Hoche** gemeinsam im Verlage von Felix Meiner in Leipzig eine Schrift von 62 Seiten unter dem Titel: »Die Freigabe der Vernichtung lebensunwerten Lebens – Ihr Maß und ihre Form«. Der erste von Binding beigesteuerte Teil – »Rechtliche Ausführung« überschrieben – beginnt mit folgenden Sätzen:

»Ich wage am Ende meines Lebens mich noch zu einer Frage zu äußern, die lange Jahre mein Denken beschäftigt hat, an der aber die meisten scheu vorübergehen, weil sie als heikel und ihre Lösung als schwierig empfunden wird, so daß nicht mit Unrecht gesagt werden konnte, es handle sich hier um einen starren Punkt in unseren moralischen und sozialen Anschauungen.
Sie geht dahin: soll die unverbotene Lebensvernichtung, wie nach heutigem Rechte – vom Notstand abgesehen –, auf die Selbsttötung des Menschen beschränkt bleiben, oder soll sie eine gesetzliche Erweiterung auf Tötungen von Nebenmenschen erfahren und in welchem Umfange?
Ihre Behandlung führt uns von Fallgruppe zu Fallgruppe, deren Lage jeden von uns aufs tiefste erschüttert. Um so notwendiger ist es, nicht dem Af-

---

* Karl Binding, geboren 1841 in Frankfurt, gestorben 1920 in Freiburg, war Professor des Strafrechts in Basel, Freiburg, Straßburg und von 1873 bis 1913 in Leipzig, Wirklicher Geheimer Rat und Exzellenz. Seine Hauptwerke: »Die Normen und ihre Übertretung«, 4 Bände, 1872 ff.; »Grundriß des gemeinen deutschen Strafrechts«, 2 Bände, 1896-1901; »Handbuch des Strafrechts« 1885.

** Alfred Erich Hoche, geboren 1865 in Wildenhain, gestorben 1944, war Assistent in Heidelberg, Privatdozent in Straßburg und Ordinarius der Psychiatrie seit 1902 in Freiburg; 1906 erhielt er den Titel eines Geheimen Hofrats. Hauptwerke: »Die leichteren Formen des periodischen Irrseins« 1897, »Handbuch der gerichtlichen Psychiatrie« (2. Aufl. 1909), »Das träumende Ich« 1927; außerdem veröffentlichte er, zum Teil unter dem Namen Alfred Erich, einige poetische Versuche und, im Jahre 1934, eine autobiographische Schrift »Jahresringe«.

fekt, andererseits nicht der übertriebenen Bedenklichkeit das entscheidende Wort zu überlassen, sondern es auf Grund bedächtiger rechtlicher Erwägung der Gründe für und der Bedenken gegen die Bejahung der Frage zu finden. Nur auf solch fester Grundlage kann weiter gebaut werden«. (Seite 5)

Der Verfasser kommt zu dem Ergebnis, daß eine solche »Erweiterung auf Tötungen von Nebenmenschen« in der Tat zu fordern sei. Eine mildere Bestrafung war bis dahin im deutschen Strafgesetz nur bei »Tötung auf Verlangen« vorgesehen, und auch das alte preußische Landrecht (das Binding lobend zitiert) war in der »Erweiterung« doch nur so weit gegangen, den, der einem tödlich Verwundeten oder Todkranken »in vermeintlich guter Absicht das Leben verkürzt«, einem fahrlässigen Totschläger gleichzustellen. Dieses Gesetz räumte also die Möglichkeit subjektiver »guter Absicht« ein, aber es gab doch sogleich zu erkennen, daß eine solche Absicht nur »vermeintlich« gut sein könne. Offenbar ist erst mit dem Beginn des zwanzigsten Jahrhunderts diese sichere objektive Norm, dieser Glaube an ein Gebot über allen guten oder bösen Absichten, eingestürzt. Die erste »Erweiterung«, die geltendes Recht wurde, brachte das Norwegische Strafgesetzbuch vom Jahre 1902: hier wurde (in § 235) zur Tötung auf Verlangen ein andrer Tatbestand gefügt, nämlich daß »jemand aus Mitleid einen hoffnungslosen Kranken des Lebens beraubt oder dazu mitgewirkt« habe, und hier erschien solches Mitleid nicht mehr als falsches oder »vermeintliches«, sondern der Richter »kann« in diesem Fall auf »eine mildere Strafe« erkennen. Bei diesem »Mitleid« setzte nun auch Binding an, aber nun mit dem Ziel nicht bloß der Straffreiheit, sondern sogar eines in bestimmter Weise geregelten Antragsverfahrens (mit Beteiligung von Ärzten und Juristen) und einer staatlichen Genehmigung, also mit dem Ziel der »Freigabe«.

Er schrieb:

»Die juristische, scheinbar so geschäftsmäßige Formulierung scheint auf große Herzlosigkeit zu deuten: in Wahrheit entspringt sie nur dem tiefsten Mitleiden. Gibt es Menschenleben, die so stark die Eigenschaft des Rechtsgutes eingebüßt haben, daß ihre Fortdauer für die Lebensträger wie für die Gesellschaft dauernd allen Wert verloren hat?
Man braucht sie nur zu stellen und ein beklommenes Gefühl regt sich in Jedem, der sich gewöhnt hat, den Wert des einzelnen Lebens für den Lebensträger und für die Gesamtheit auszuschätzen. Er nimmt mit Schmerzen wahr, wie verschwenderisch wir mit dem wertvollsten, vom stärksten Lebenswillen und der größten Lebenskraft erfüllten und von ihm getragenen Leben umgehen, und welch Maß von oft ganz nutzlos vergeudeter Arbeitskraft, Geduld, Vermögensaufwendung wir nur darauf verwenden, um le-

bensunwerte Leben so lange zu erhalten, bis die Natur – oft so mitleidlos spät – sie der letzten Möglichkeit der Fortdauer beraubt.
Denkt man sich gleichzeitig ein Schlachtfeld, bedeckt mit Tausenden toter Jugend, oder ein Bergwerk, worin schlagende Wetter Hunderte fleißiger Arbeiter verschüttet haben, und stellt man in Gedanken unsere Idioteninstitute mit ihrer Sorgfalt für ihre lebenden Insassen daneben – und man ist auf das tiefste erschüttert von diesem grellen Mißklang zwischen der Opferung des teuersten Gutes der Menschheit im größten Maßstabe auf der einen und der größten Pflege nicht nur absolut wertloser, sondern negativ zu wertender Existenzen auf der anderen Seite.
Daß es lebende Menschen gibt, deren Tod für sie eine Erlösung und zugleich für die Gesellschaft und den Staat insbesondere eine Befreiung von einer Last ist, deren Tragung außer dem einen, ein Vorbild größter Selbstlosigkeit zu sein, nicht den kleinsten Nutzen stiftet, läßt sich in keiner Weise bezweifeln.« (Seite 26/27)

Man sieht, was hier bereits aus dem Mitleid geworden ist. Zwei Gruppen von »in Betracht kommenden Menschen« werden unterschieden: die »unrettbar Verlorenen«, die den Tod oder – wie Binding gern sagt – die »Erlösung« selbst wünschen, und zweitens die »unheilbar Blödsinnigen«. Im Hinblick auf diese heißt es – mit einer bedeutsamen Wendung von Mitleid zu »Heroismus«:

»Wieder finde ich weder vom rechtlichen, noch vom sozialen, noch vom sittlichen, noch vom religiösen Standpunkt aus schlechterdings keinen Grund, die Tötung dieser Menschen, die das furchtbare Gegenbild echter Menschen bilden und fast in Jedem Entsetzen erwecken, der ihnen begegnet, freizugeben – natürlich nicht an Jedermann! In Zeiten höherer Sittlichkeit – der unseren ist aller Heroismus verloren gegangen – würde man diese armen Menschen wohl amtlich von sich selbst erlösen. Wer aber schwänge sich heute in unserer Entnervtheit zum Bekenntnis dieser Notwendigkeit, also solcher Berechtigung auf?
Und so wäre heute zu fragen: wem gegenüber darf und soll diese Tötung freigegeben werden? Ich würde meinen, zunächst den Angehörigen, die ihn zu pflegen haben, und deren Leben durch das Dasein des Armen dauernd so schwer belastet wird, auch wenn der Pflegling in einer Idiotenanstalt Aufnahme gefunden hat, dann auch ihren Vormündern – falls die einen oder die anderen die Freigabe beantragen.
Den Vorstehern gerade dieser Anstalten zur Pflege der Idioten wird solch Antragsrecht kaum gegeben werden können. Auch würde ich meinen, der Mutter, die trotz des Zustandes ihres Kindes sich die Liebe zu ihm nicht hat nehmen lassen, sei ein Einspruch freizugeben, falls sie die Pflege selbst übernimmt oder dafür aufkommt. Weitaus am besten würde der Antrag gestellt, sobald der unheilbare Blödsinn die Feststellung gefunden hätte.« (Seite 32)

Schließlich erörtert der Verfasser die Gefahr des Irrtums bei der »Freigabebehörde«, erklärt den Nachweis solchen Irrtums für so gut wie unmöglich und schließt die Erwägung ab mit diesen Sätzen:

»Nimmt man aber auch den Irrtum einmal als bewiesen an, so zählt die Menschheit jetzt ein Leben weniger. Dies Leben hätte vielleicht nach glücklicher Überwindung der Katastrophe noch sehr kostbar werden können: meist aber wird es kaum über den mittleren Wert besessen haben. Für die Angehörigen wiegt natürlich der Verlust sehr schwer. Aber die Menschheit verliert infolge Irrtums so viele Angehörige, daß einer mehr oder weniger wirklich kaum in die Waagschale fällt.« (Seite 40)

Der zweite Teil der Schrift umfaßt »Ärztliche Bemerkungen« des Psychiaters Hoche; sie gelten dem Phänomen des »unheilbaren Blödsinns«.

»Zustände endgültigen unheilbaren Blödsinns oder wie wir in freundlicherer Formulierung sagen wollen: Zustände *geistigen Todes* sind für den Arzt, insbesondere für den Irrenarzt und Nervenarzt etwas recht Häufiges.« (Seite 51)

In der Folge beschränkt sich der Verfasser nicht auf »ärztliche«, er fügt vielmehr auch wirtschaftliche Bemerkungen hinzu:

»In wirtschaftlicher Beziehung würden also diese Vollidioten, ebenso wie sie auch am ehesten alle Voraussetzungen des vollständigen geistigen Todes erfüllen, gleichzeitig diejenigen sein, deren Existenz am schwersten auf der Allgemeinheit lastet.
Diese Belastung ist zum Teil finanzieller Art und berechenbar an der Hand der Aufstellung der Jahresbilanzen der Anstalten. Ich habe es mir angelegen sein lassen, durch eine Rundfrage bei sämtlichen deutschen in Frage kommenden Anstalten mir hierüber brauchbares Material zu verschaffen. Es ergibt sich daraus, daß der durchschnittliche Aufwand pro Kopf und Jahr für die Pflege der Idioten bisher 1300 M. betrug. Wenn wir die Zahl der in Deutschland zur Zeit gleichzeitig vorhandenen, in Anstaltspflege befindlichen Idioten zusammenrechnen, so kommen wir schätzungsweise etwa auf eine Gesamtzahl von 20-30 000. Nehmen wir für den Einzelfall eine durchschnittliche Lebensdauer von 50 Jahren an, so ist leicht zu ermessen, welches ungeheure Kapital in Form von Nahrungsmitteln, Kleidung und Heizung, dem Nationalvermögen für einen unproduktiven Zweck entzogen wird.
Dabei ist hiermit noch keineswegs die wirkliche Belastung ausgedrückt.
Die Anstalten, die der Idiotenpflege dienen, werden anderen Zwecken entzogen; soweit es sich um Privatanstalten handelt, muß die Verzinsung berechnet werden; ein Pflegepersonal von vielen tausend Köpfen wird für diese gänzlich unfruchtbare Aufgabe festgelegt und fördernder Arbeit entzogen; es ist eine peinliche Vorstellung, daß ganze Generationen von Pflegern neben diesen leeren Menschenhülsen dahinaltern, von denen nicht wenige 70 Jahre und älter werden.
Die Frage, ob der für diese Kategorien von Ballastexistenzen notwendige Aufwand nach allen Richtungen hin gerechtfertigt sei, war in den verflossenen Zeiten des Wohlstandes nicht dringend; jetzt ist es anders geworden, und wir müssen uns ernstlich mit ihr beschäftigen. Unsere Lage ist wie die

der Teilnehmer an einer schwierigen Expedition, bei welcher die größtmögliche Leistungsfähigkeit Aller die unerläßliche Voraussetzung für das Gelingen der Unternehmung bedeutet, und bei der kein Platz ist für halbe, Viertels- und Achtels-Kräfte. Unsere deutsche Aufgabe wird für lange Zeit sein: eine bis zum höchsten gesteigerte Zusammenfassung aller Möglichkeiten, ein Freimachen jeder verfügbaren Leistungsfähigkeit für fördernde Zwecke.« (Seite 53-55)

Schließlich werden diese wirtschaftlichen Bemerkungen gestützt durch eine Staatstheorie; vom Mitleid ist keine Rede mehr:

»Von dem Standpunkt einer höheren staatlichen Sittlichkeit aus gesehen kann nicht wohl bezweifelt werden, daß in dem Streben nach unbedingter Erhaltung lebensunwerten Lebens Übertreibungen geübt worden sind. Wir haben es, von fremden Gesichtspunkten aus, verlernt, in dieser Beziehung den staatlichen Organismus im selben Sinne wie ein Ganzes mit eigenen Gesetzen und Rechten zu betrachten, wie ihn etwa ein in sich geschlossener, menschlicher Organismus darstellt, der, wie wir Ärzte wissen, im Interesse der Wohlfahrt des Ganzen auch einzelne wertlos gewordene oder schädliche Teile oder Teilchen preisgibt oder abstößt.« (Seite 56)

Das Bild *freiwilligen* Opfertodes dient gleichwohl dazu, solche Abstoßung von »Teilchen« zu verklären; die Übertragung der »heroischen Stimmung« von dem, der sich opfert, auf diejenigen, welche ihn opfern, ist merkwürdig genug – aber sie hat in der Folge Epoche gemacht.

»Ein berechtigtes Mitleid überkommt uns, wenn wir lesen, wie Kapt. Scott und seine Begleiter auf der Heimkehr vom Südpol im Interesse des Lebens der übrigen schweigend das Opfer annnahmen, daß ein Teilnehmer freiwillig das Zelt verließ, um draußen im Schnee zu erfrieren.
Ein kleiner Teil solcher heroischen Seelenstimmungen müßte uns beschieden sein, ehe wir an die Verwirklichung der hier theoretisch erörterten Möglichkeiten herantreten können.« (Seite 60)

II. 1933: Der Staat ist Herr

Aus der Denkschrift des Preußischen Justizministers Hanns Kerrl »Nationalsozialistisches Strafrecht« (R. v. Deckers Verlag, G. Schenck, Berlin, 1933), Erster Teil »Die einzelnen strafbaren Handlungen«, Hauptgruppe »Schutz der Volksgenossen«, 2.Kapitel »Angriff auf Leib und Leben«. Unter dem Titel *»Sterbehilfe«* schlägt der Referent vor:

»Daher tritt bei der Tötung auf Verlangen Straflosigkeit ein, wenn der Täter ein staatlich zugelassener Arzt ist, der Kranke unheilbar krank ist und dieses durch das Gutachten zweier beamteter Ärzte festgestellt ist.« (Seite 86/87)

Unter dem folgenden Titel, *»Vernichtung lebensunwerten Lebens«*, hingegen heißt es:

»Dagegen erübrigt sich die Schaffung eines Unrechtsausschließungsgrundes bei der sogenannten »Vernichtung lebensunwerten Lebens«. Sollte der Staat etwa bei unheilbar Geisteskranken ihre Ausschaltung aus dem Leben durch amtliche Organe gesetzmäßig anordnen, so liegt in der Ausführung solcher Maßnahmen nur die Durchführung einer staatlichen Anordnung. Ob diese Anordnung geboten ist, steht hier nicht zur Erörterung. Wohl bleibt zu betonen, daß die Vernichtung lebensunwerten Lebens durch eine nichtamtliche Person stets eine strafbare Tötung darstellt.« (Seite 87)

Die Ansichten auch der nationalsozialistischen Juristen waren freilich nicht einhellig. In dem »Bericht über die Arbeit der amtlichen Strafrechtskommission«, den der Reichsjustizminister Dr. Franz Gürtner 1935 unter dem Titel »Das kommende deutsche Strafrecht« herausgab, behandelte im Besonderen Teil den Abschnitt »Tötung« der damalige Berliner Strafrechtslehrer Professor Dr. W. Graf von Gleispach. Obgleich er die neuartige Theorie aufstellte, daß Tötung nicht deswegen so schwer bestraft werde, weil »der Lebenswille eines einzelnen mißachtet«, sondern nur deswegen, weil sie einen »Angriff auf die Volksgemeinschaft« – durch Vernichtung eines ihrer »Glieder« – darstelle, kam er doch bezüglich des »lebensunwerten Lebens« zu einem den preußischen Vorschlägen entgegengesetzten Ergebnis:

»Eine Freigabe der Vernichtung sogenannten lebensunwerten Lebens kommt nicht in Frage. Der Hauptsache nach handelt es sich um schwer Geisteskranke und Vollidioten. Der nationalsozialistische Staat sucht dem Entstehen solcher Entartungen im Volkskörper durch umfassende Maßregeln vorzubeugen, so daß sie immer seltener werden müssen. Aber die Kraft der sittlichen Norm des Tötungsverbotes darf nicht dadurch geschwächt werden, daß aus bloßen Zweckmäßigkeitsgründen Ausnahmen für die Opfer schwerer Erkrankungen oder Unfälle gemacht werden, mögen auch diese Unglücklichen nur durch ihre Vergangenheit oder äußere Erscheinung dem Volkskörper verbunden sein.« (Seite 258)

III. Kolportage dringt ein

Die Sittenlehre fordert: edel *sei* der Mensch. Die Kolportage – in der Literatur wie im wirklichen Leben – dekretiert: dieser Mensch *ist* edel, was er auch tun mag; oder genauer: *ich* bin edel, was ich auch tun mag.

Im Jahre 1936 erschien im Verlage von Willi Bischoff, Brunnen-Verlag, Berlin, ein Roman mit dem Titel »Sendung und Gewissen«

von Hellmuth Unger*, der das »Problem« der sogenannten Euthanasie oder Sterbehilfe zum Gegenstand hat und in Ärzte-Kreisen augenscheinlich recht verbreitet war und ist. Hier folgen einige Proben daraus. Der erste Dialog findet zwischen dem Kliniker »Terstegen«, der Hauptfigur des Romans, und dem Erzähler statt.

»Wenn Sie ein Krüppel wären«, fragte er weiter, »möchten Sie dahinvegetieren?«
»Ich habe darüber noch nicht nachgedacht.«
»Ich nicht, obwohl es mit dem Sittengesetz in Widerspruch steht. Als Arzt hat man ja auch leichter ein nie versagendes Mittel zur Hand. Ich glaube, daß Gott uns wie einem Stellvertreter eine seiner vielen Gnaden zum Gewähren übertrug, für alle, denen wir helfen könnten. Wir sind uns nur noch nicht bewußt geworden, daß wir diese Gnade unter Verantwortung ausüben dürfen.«
»Welche Gnade meinen Sie?«
»Vielleicht die größte.«
»Und das wüßten wir nicht?«
»Wir wissen es nicht oder haben noch nicht den Mut zum Begreifen. Man muß lange darüber nachdenken. Haben wir erst das Richtige erkannt, dürfen wir nicht mehr feig sein.«

Man achte besonders genau auf dieses Wort »Gnade« (an anderer Stelle heißt es »Gnadentod? Ein herrliches Wort!«) und auf die Wendung »unter Verantwortung«! Ein weiterer Dialog:

»Terstegen ist an die Brüstung der Terrasse getreten. Vielleicht hat er mich im Augenblick vergessen und fragt nur sich selbst, gleichsam ins Ungewisse hinein. Aber er wartet auf Antwort. Und ich spüre bei ihm eine große, für mich unbegreifliche Not ...
Terstegen hat lange auf eine Antwort gewartet.
»Wenn es wirklich hoffnungslos ist?«
»Ich glaube, daß ich Sie gebeten hätte, zu helfen.«
»Das ist gut.«
»Weshalb?«
»Sie hätten mich auch verdammen können.«
»Ist Ihnen mein Urteil als Laie so wertvoll?«
»Sie haben mich freigesprochen.«
»Wovon?«
»Ich habe schon vielen Kranken Erlösung durch Sterben gebracht.«

Der folgende Dialog wird noch deutlicher und zeigt den »Erlöser« am Werk. Die Angehörigen sind – wie es der Kolportage ent-

* Fr.H. Hellmuth Unger, 1891 geboren, ist selbst *Dr.med.* und Augenarzt, hat – laut Degeners Handbuch »Wer ists ?« – zahlreiche Romane, Schauspiele und Komödien veröffentlicht.

spricht – als durchaus unedel dem durchaus edlen Sterbehelfer entgegengestellt:

»Was macht Vater Sollwich?« frage ich dann.
»Ja, Schwester, haben Sie noch nichts gesagt?«
Terstegen ist im gleichen Augenblick nur noch der besonnene Arzt, den ein besonderer Fall interessiert.
»Als ich vor einiger Zeit hier zu ihm gerufen wurde, habe ich sofort sein schweres Leiden erkannt, hoffte jedoch, ihn noch mit Erfolg operieren zu können.«
»Einen uralten Mann?«
»Ja, er hatte einen unbändigen Lebenswillen. Und darauf kommt es an. Daß einer noch da sein will! Allein dieses Wollen ist schon eine starke Heilkraft. Er wurde in meine Klinik gebracht. Ich untersuchte ihn nochmals und sah ein, daß es keinen Zweck hatte. Prognose: hoffnungslos, wie wir Ärzte sagen. Solange er schmerzfrei war, wartete ich zu. Das war meine Pflicht und auch selbstverständlich. Dann, in den letzten Tagen, änderte sich plötzlich das Bild, und Sollwich begann zu leiden. Gestern früh habe ich ihn schmerzfrei erlöst. Schwester Marie, war es nicht schön?«
»Er ist sofort eingeschlafen. Ganz leicht.«
»Und seine Kinder?«
Terstegen voll Verachtung: »Selbstverständlich kamen sie sofort, als wir sie benachrichtigten, und waren froh, daß sie keine Last mehr mit ihm hatten. Den Toten noch in die Heimat überführen? Wozu? Ist es nicht gleichgültig, wo einer liegt? Unnötige Kosten soll man sich sparen.«

Der Täter appelliert nur an sich selbst und erwartet totalen Glauben:

»Kennen Sie mich als einen gewissenhaften Arzt oder nicht? Habe ich nicht immer nur meine Pflicht getan? Hab ich nicht stets nur das Beste meiner Kranken gewollt?«

IV. 1939: Die Tür wird ausgehoben – aber insgeheim

Siegel
Adolf Hitler

Berlin, den 1.Sept. 1939

Reichsleiter Bouhler und
Dr. med. Brandt

sind unter Verantwortung beauftragt, die Befugnisse namentlich zu bestimmender Ärzte so zu erweitern, daß nach menschlichem Ermessen unheilbar Kranken bei kritischster Beurteilung ihres Krankheitszustandes der Gnadentod gewährt werden kann.
gez. Adolf Hitler

Auf dem Exemplar dieses offenkundigen Privatbriefes, das im Nürnberger Dokumenten-Archiv liegt, findet sich noch eine handschriftliche Notiz:

»Von Bouhler mir übergeben am 27.8.40.
Dr. Gürtner.«

Das ist der Reichsjustizminister. Der Auftrag Hitlers erging also jenseits des Rechts-Weges. Der Brief ist auch niemals veröffentlicht worden. Der Schreiber setzte augenscheinlich voraus, daß die »Befugnisse« eines Arztes aus der Macht des Staates herrührten und daher, im »Führerstaat«, aus der Willkür des Staatsoberhauptes abgeändert werden könnten.

V. Programm und Organisation der Morde

Viktor Hermann Brack, SS-Standartenführer und Amtsleiter in der Kanzlei des Führers, der Reichsleiter Philipp Bouhler vorstand, hat in der Untersuchung, die dem gegenwärtigen Prozeß vor einem amerikanischen Militärgericht in Nürnberg gegen 23 Angeklagte (meist Ärzte) vorausging, eine eidesstattliche Erklärung abgegeben, die das Beweisstück Nr. 160 der Anklage bildet*. Über die »Euthanasie« – dies ist der Begriff, in dem nun »Sterbehilfe«, »Gnadentod« und »Vernichtung unwerten Lebens« unklar und klangvoll zusammenfließen – erklärte Brack unter anderem folgendes:

»Das Euthanasie-Programm wurde im Sommer 1939 eingeleitet. Hitler erteilte einen Geheimbefehl an Professor Dr. Karl Brandt, Reichskommissar für das Gesundheits- und Sanitätswesen und zu dieser Zeit Leibarzt des Führers, und an Philipp Bouhler, in dem er ihnen die Verantwortung für die Tötung lebensunfähiger Menschen, d.h. die Erteilung eines Gnadentodes für unheilbar Geisteskranke, auferlegte. Vor der Erteilung dieses Geheimbefehls hatte Bouhler eine Besprechung mit Dr. Brandt und Dr. Leonhard Conti, Reichsgesundheitsführer und Staatssekretär im Innen-Ministerium. Auf Grund dieses Befehls Hitlers hatten Bouhler und Brandt Ärzte zur Ausführung dieses Programms zu bestimmen. Da Irrenanstalten und ähnliche Institute dem Ministerium des Innern unterstellt waren, wurde Dr. Herbert Linden Vertreter des Innenministeriums** ...
Prof. Dr. Karl Brandt leitete den medizinischen Sektor des Euthanasie-Programms. In dieser Eigenschaft ... bestimmte Prof. Dr. Karl Brandt

* Der Anklagevertreter Mr. McHaney trug diese Erklärung auszugsweise am 13.Januar 1947 in Nürnberg vor; dieser Text ist nach dem Prozeß-Protokoll zitiert.

**Bouhler, Conti und Linden endeten durch Selbstmord. Brandt steht unter Anklage.

Prof. Heyde* und Prof. Nitsche** zu seinen Vertretern. Das administrative Büro unter Brandt wurde zuerst durch Herrn Blome und später durch Herrn Allers geleitet. Drei verschiedene Namen wurden für die Abteilung Brandt verwendet, um die Tätigkeit der Organisation zu tarnen. Die Namen der Organisation sind wie folgt:
Reichsarbeitsgemeinschaft Heil- und Pflegeanstalten,
Gemeinnützige Stiftung für Anstaltspflege und
Allgemeine Kranken-Transportgesellschaft.
Im Frühstadium des Programms suchte Dr. Karl Brandt Philipp Bouhler auf und erörterte mit ihm zahlreiche Einzelheiten des Programms. Tatsächlich habe ich nach solchen Zusammenkünften zwischen Brandt und Bouhler zahlreiche Befehle erhalten, öfter von Bouhler als von Brandt direkt. In meiner Eigenschaft als Leiter von Amt II in Bouhlers Kanzlei war ich beauftragt, die administrativen Einzelheiten des Euthanasie-Programms auszuführen ...
Auf Anordnung Dr. Lindens hatten die Leiter aller Irrenanstalten des Reiches Fragebogen für jeden Patienten ihrer Institute auszufüllen. Diese Fragebogen wurden von Bouhler, Brandt, Heyde, Nitsche und anderen im Verlaufe mehrerer der zahlreichen stattgefundenen Konferenzen entworfen. Hierauf wurden die Fragebogen dem Ministerium des Innern übergeben, um in den verschiedenen Irrenanstalten und ähnlichen Instituten verteilt zu werden. Theoretisch wurden die Fragebogen dem Amt Dr. Lindens zurückgestellt und dann der administrativen Abteilung des Amtes Dr. Brandts übermittelt. Das Programm war so vorgesehen, daß Photokopien eines jeden Fragebogens vier Gutachtern übermittelt wurden, um den Gesundheitszustand des Patienten festzustellen. Die Gruppe der Sachverständigen bestand aus 10-15 Ärzten. ... Jeder dieser vier Gutachter erklärte durch die Abgabe eines bestimmten Vermerks auf dem Fragebogen, ob der Patient in eine Beobachtungsanstalt verlegt und eventuell getötet werden könnte oder nicht.

Nach der Vorschrift war der »Obergutachter« nur dann berechtigt, die Verlegung anzuordnen, wenn die vier Gutachter für die Verlegung gestimmt hatten. Daraufhin wurde der Fragebogen einem »Obergutachter« vorgelegt. Dieser »Obergutachter« machte ebenfalls seinen Vermerk auf dem Fragebogen und legte ihn sodann Dr. Linden vor, der die Irrenanstalt beauftragte, den Patienten in eine der Beobachtungsanstalten zu verlegen. Ich

---

* *Werner Heyde*, geboren 1902 in Forst / Lausitz, habilitierte sich 1932 in Würzburg, wo er als Oberarzt an der Psychiatrischen Klinik tätig war. 1939 erhielt er ein Ordinariat an der Universität Würzburg. Er war SS-Standartenführer und aktiv an der Aufstellung des Euthanasie-Programms beteiligt.

** *Paul Nitsche* war Anstaltsdirektor in verschiedenen Heil- und Pflegeanstalten in Sachsen, unter anderem auf dem Sonnenstein bei Pirna. Im Handbuch der Psychiatrie 1925/1932 veröffentlichte er den Abschnitt über »Therapie der Geisteskranken«. Ab 1939 stand er in enger Verbindung zur Reichskanzlei und trat vor allem bei der zweiten Aktion des Euthanasie-Programms hervor.

kann mich unter anderem gut an die Namen folgender Beobachtungsanstalten erinnern: *Eglfing-Haar, Kempten, Jena, Buch, Arnsberg.*
In diesen Anstalten waren die Patienten für einen Zeitraum von ein bis drei Monaten unter der Beobachtung des beauftragten Arztes. Der Arzt hatte das Recht, den Patienten aus dem Programm auszuscheiden, wenn er den Eindruck hatte, daß die Krankheit nicht unheilbar war. Wenn er mit der Ansicht des Obergutachters übereinstimmte, wurde der Patient in eine sogenannte Euthanasie-Anstalt verlegt. Ich kann mich an die Namen dieser Euthanasie-Anstalten erinnern:
Grafeneck unter Dr. Schumann, *Brandenburg* unter Dr. Hennecke, *Hartheim* unter Dr. Rennaux, *Sonnenstein* unter Dr. Schmalenbach, *Hadamar* (ich erinnere mich nicht unter welcher Leitung), *Berburg* unter Dr. Behnke oder Dr. Becker.
In diesen Anstalten wurden die Patienten durch den beauftragten Arzt durch das Gas getötet. Nach meinem besten Wissen wurden auf diese Weise in der Zeit vom Herbst 1939 bis Sommer 1941 etwa 50 – 60 000 Personen getötet.
Der vom Führer an Brandt und Bouhler erlassene Befehl war geheim und wurde niemals veröffentlicht. Das »Euthanasie-Programm« selbst wurde so geheim wie möglich gehalten, und aus diesem Grunde wurden die Verwandten der im Zuge dieses Programms getöteten Personen niemals von der wahren Todesursache verständigt. Die den Verwandten zugestellten Sterbeurkunden enthielten eine fiktive Todesursache, wie zum Beispiel Herzlähmung. Die dem Euthanasie-Programm unterworfenen Personen hatten selbst keine Möglichkeit zu entscheiden, ob sie einen Gnadentod wollten, noch wurden ihre Verwandten um ihre Zustimmung befragt. Die Entscheidung lag lediglich innerhalb der Beurteilung der Ärzte. Auch war das Programm nicht auf jene Fälle beschränkt, in welchen die Patienten in extremis waren.
Letzten Grundes bezweckte Hitler mit der Einleitung des Euthanasie-Programms in Deutschland, jene Leute auszumerzen, die in Irrenhäusern und ähnlichen Anstalten verwahrt und für das Reich von keinem irgendwelchen Nutzen mehr waren. Diese Leute wurden als nutzlose Esser angesehen, und Hitler war der Ansicht, daß durch die Vernichtung dieser sogenannten nutzlosen Esser die Möglichkeit gegeben wäre, weitere Ärzte, Pfleger, Pflegerinnen und anderes Personal, Krankenbetten und andere Einrichtungen für den Gebrauch der Wehrmacht freizumachen.

Reichsausschuß zur Erforschung erb- und anlagebedingter schwerer Leiden

Dieser Ausschuß, welcher ebenfalls eine der Funktionen des Euthanasie-Programms war, war eine Organisation zur Tötung von Kindern, welche geistig belastet oder körperlich mißgebildet geboren wurden. Alle ärztlichen Geburtshelfer, Hebammen und Entbindungsanstalten erhielten durch das Innen-Ministerium den Auftrag, derartige Fälle an das Amt Dr. Lindens im Innen-Ministerium zu melden. Hierauf wurden Gutachter aus der ärztlichen Abteilung des Büros Dr. Brandts beauftragt, ihre Ansicht in jedem Falle zu äußern. Tatsächlich wurde in jedem Falle der vollständige Akt an die Ämter Bouhlers und Dr. Brandts gesandt, um ihre Ansichten einzuholen und das Schicksal eines jeden betroffenen Kindes zu entscheiden. In vielen Fällen sollten die Kinder auf solche Weise operiert werden, daß das Ergebnis entweder vollständige Heilung oder Tod war. In der Mehrzahl der Fälle war Tod die Folge. Das Programm wurde etwa im Sommer 1939 eingeleitet. Bouhler sagte mir, daß Dr. Linden den Auftrag hatte, die Zustimmung der Eltern eines jeden betroffenen Kindes einzuholen. Ich weiß nicht, wie lange dieses Programm fortgesetzt wurde, da ich 1942 zur Waffen-SS einrückte.

Der Zusammenhang zwischen dem Euthanasie-Programm und SS-Brigadeführer Globocnik

Im Jahre 1941 erhielt ich mündlichen Befehl, das Euthanasie-Programm einzustellen. Ich erhielt diesen Befehl entweder von Bouhler oder Dr. Brandt. Um das durch die Einstellung freigewordene Personal zu erhalten und um die Möglichkeit zu haben, nach dem Kriege ein neues Euthanasie-Programm in die Wege zu leiten, forderte mich Bouhler nach einer Konferenz mit Himmler – wie ich glaube – auf, dieses Personal nach Lublin abzustellen, zur Verfügung des Brigadeführers Globocnik. Ich hatte damals den Eindruck, daß diese Leute in den ausgedehnten jüdischen Arbeitslagern unter der Leitung Globocniks Verwendung finden sollten. Später jedoch, Ende 1942 oder Anfang 1943, fand ich heraus, daß diese Leute bei der Massenvernichtung der Juden mitverwendet wurden, die damals bereits in höheren Parteikreisen allgemein bekannt war.«

VI. Geheime Reichssache – im Kinderhaus

Das folgende Dokument bezieht sich auf denjenigen Teil des »Euthanasie-Programms«, der schon von Brack unter dem Stichwort »Reichsausschuß zur Erforschung erb- und anlagebedingter schwerer Leiden« gekennzeichnet wurde. Doch sind in den verschiedenen beteiligten Anstalten zweifellos sehr zahlreiche ähnliche »Verpflichtungen« von Pflegern und Pflegerinnen vorgenommen worden.

»Der Direktor
der Heil- und Pflegeanstalt
des Bezirksverbandes Oberbayern
Eglfing-Haar

Verpflichtung

Durch den Direktor der Heil- und Pflegeanstalt Eglfing-Haar, Obermedizinalrat Dr. Pfannmüller, bin ich über die Art meiner Tätigkeit und meiner Pflichten in der Fachabteilung des Kinderhauses der Heil- und Pflegeanstalt Eglfing-Haar, in der Kinder des Reichsausschusses zur wissenschaftlichen Erfassung von erb- und anlagebedingten schweren Leiden untergebracht sind, belehrt worden. Ich erkläre, meinen Dienst in dieser Abteilung den Weisungen meines Chefs entsprechend durchführen zu wollen und bestätige, daß ich darauf aufmerksam gemacht worden bin, daß es sich bei der Behandlung der Kinder dieser Abteilung um eine absolut geheim zu haltende Reichssache handelt. Ich bin darüber belehrt worden, daß mir über die Vorgänge, die mir bei der Behandlung von

Kindern dieser Abteilung offenbar werden, strengstes Stillschweigen auferlegt worden ist, und daß auf Bruch dieses Stillschweigens die gesetzliche Todesstrafe steht. Durch Handschlag bin ich auf strengstes Stillschweigen verpflichtet worden. Ich werde dieses jederzeit und jedermann gegenüber strengstens wahren.

Eglfing, den 26.April 1941
Dentlmoser Emma
Spindler Maria
Lang Emma«

VII. Ein gemeinnütziger Krankentransport

Als Beispiel eines Verlegungsbefehls folgt hier ein Brief, der die umsichtigen Vorkehrungen besonders deutlich erkennen läßt:

»Gemeinnützige Kranken-Transport G.m.b.H. 12. Mai 1941
An den Direktor der Heil- und Pflegeanstalt
des Bezirksverbandes Schwaben,
Kaufbeuren/Bay.

Sehr geehrter Herr Direktor!
Im Auftrage des Reichsverteidigungskommissars habe ich aus Ihrer Anstalt und der Zweigstelle in Irrsee Geisteskranke in eine andere Anstalt zu verlegen. Es sollen insgesamt 140 Personen und zwar am 4. Juni 70 und am 5. Juni 70 transportiert werden. Ich überreiche Ihnen anliegend Transportlisten Nr. 8, 9, 10 und 11 in dreifacher Ausfertigung. Die Mehrnamen auf den Listen sind für evtl. Ausfälle (inzwischen entlassen, gestorben usw.) bestimmt.
Die Markierung der Kranken geschieht am zweckmäßigsten mittels eines Leukoplaststreifens, auf dem mit Tintenstift der Name vermerkt ist, der zwischen die Schulterblätter geklebt wird. Gleichzeitig ist in einem Kleidungsstück nochmals der Name enthalten. Die Krankenakten und Personalgeschichten sind für den Transport fertigzumachen und unserem Transportleiter, Herrn Küpper, zu übergeben, desgleichen das persönliche Eigentum der Patienten, sowie Geld und Wertsachen.
Ich füge gleichzeitig Eigentumsnachweiskarten und Nachweisungen über Kostenträger bei, die genauestens ausgefüllt dem Transport mitgegeben werden müssen. Das Geld und die Wertsachen sind außer auf den Eigentumsnachweiskarten in getrennten Sonderlisten (zweifach) aufzuführen.
Die Transporte sind:
Am 4. Juni Kaufbeuren ab 8 Uhr 46 – 70 Kranke,
am 5. Juni Kaufbeuren ab 8 Uhr 46 – 70 Kranke.
Unser Transportleiter, Herr Küpper, wird sich am Vortage bei Ihnen melden, um alles weitere mit Ihnen zu besprechen.
Ich bitte Sie noch, für die Kranken Verpflegung (für jeden 2-3 Stullen und einige Kannen mit Kaffee) mitzugeben.
Heil Hitler!
(Unterschrift: unleserlich) Gemeinnützige Kranken-Transport«

VIII. Fingerspitzengefühl

Trotz aller Umsicht blieben die »gemeinnützigen Krankentransporte« nicht überall geheim. Lokale Funktionäre der NSDAP kamen dadurch gelegentlich in nicht geringe Verlegenheit. Hier folgt im Auszug der Bericht eines fränkischen Gaustabsamtsleiters, Sellmer, der an seinen Vorgesetzten in Nürnberg gerichtet ist und sich auf Vorgänge in dem Flecken Absberg im Kreise Gunzenhausen bezieht. Die Darstellung selbst stammt von dem zuständigen Kreisleiter; der darin erwähnte »Pg. Kirchhof« war der Ortsgruppenleiter von Absberg; der unterzeichnete Sellmer gibt diese Darstellung nur mit einigen Begleitzeilen, die hier ausgelassen sind, weiter:

»Am vergangenen Freitag nun sind die Insassen des Ottilienheimes, für die der Landesfürsorgeverband Oberfranken und Mittelfranken die Kostenhaftung übernommen hatte, in zwei großen Autos abtransportiert worden. Der Abtransport erfolgte unter Leitung eines Professors der Heil- und Pflegeanstalt Erlangen durch das Personal dieser Anstalt. Das Wegschaffen der Leute erfolgte nun in der denkbar auffälligsten Weise. Statt daß die Omnibusse in den Hof gefahren wurden, um hier die Wegzuschaffenden aufzunehmen, standen die Fahrzeuge außerhalb des Ottilienheimes mitten auf dem Marktplatz. Die entsprechend aufgehetzten Insassen des Ottilienheimes, die weggeschafft werden sollten, mußten nun einzeln unter Gewaltanwendung in die Wagen gebracht werden. Die Gesamtbevölkerung von Absberg, die stark katholisch ist, war zusammengelaufen und hat laut weinend dem Geschehen zugesehen. Daß bestimmte Kreise diesen Vorgang psychologisch entsprechend ausgewertet haben, braucht nicht wunder zu nehmen.
Pg. Kirchhof teilte mit, daß sich unter diesen weinenden Zuschauern sogar Parteigenossen befunden hätten und daß in der allgemeinen Volkserregung Äußerungen getan wurden, die als unverantwortlich bezeichnet werden müßten. Selbstverständlich hat der Pfarrer des Ottilienheimes von sich aus für die entsprechende Stimmung dadurch gesorgt, daß die Wegzuschaffenden am Vormittag in die Klosterkirche zur Beichte und Kommunion gebracht und unter Zuhilfenahme der Klosterschwestern förmlich an den Altar geschleppt wurden.
Ich werde nunmehr durch den Landrat genaue Erhebungen über den Vorfall pflegen lassen. Es erscheint mir aber doch notwendig, die verantwortlichen Stellen darauf hinzuweisen, bei der Wegschaffung dieser Leute, die einmal im Zuge der Reichsverteidigung beseitigt werden sollen, etwas mehr Fingerspitzengefühl walten zu lassen, weil es ja nicht notwendig ist, unnötige Schwierigkeiten auszulösen und unseren Gegnern Wasser auf die Mühlen zu liefern. Sobald ich den Bericht in Händen habe, werde ich diesen dem Gaustabsamt zuleiten.

Heil Hitler!
gez: Sellmer, Gaustabsleiter.«

IX. Alle gestorben

Ein Anstaltsleiter, der sich nach dem weiteren Schicksal seiner ehemaligen Pfleglinge erkundigte, erhielt folgende Antwort – man achte auf die Daten welche die Frist zwischen Frage und Antwort bezeichnen! – :

»Landesfürsorgeverband Schwaben
Augsburg
Postfach Regierungspräsident

Augsburg, den 6.5.1941

An den Direktor
Dr. Faltlhauser
der Heil- und Pflegeanstalt Kaufbeuren

Ihr Zeichen: 2080 Ihr Schreiben vom 13.11.40
Betr.: Verlegung von Pfleglingen.

Ich beehre mich, mitzuteilen, daß die am 8.11.40 aus Ihrer Anstalt verlegten weiblichen Pfleglinge alle im Monat November v.J. in den Anstalten Grafeneck, Bernburg, Sonnenstein und Hartheim gestorben sind.

Unterschrift: Unleserlich.«

X. Ein Schemabrief

In den Briefen, durch welche die Angehörigen jeweils von dem Tode ihres Verwandten unterrichtet wurden, wechselt im wesentlichen nur die Angabe der Todesursache. Die Lektüre des folgenden Beispiels läßt auch den Grund erkennen, aus dem die Anstaltsleiter bei der Verlegung gehalten waren, das persönliche Eigentum der Kranken sorgsam mitzugeben. Es fällt auch auf, daß hier das Wort »Erlösung« wiederkehrt, das im Bereich der Kolportage vorkam.

»Brandenburg a.H.
Landespflegeanstalt Brandenburg a.H., den 20.Februar 1940

Sehr geehrter Herr D.

Zu unserem Bedauern müssen wir Ihnen mitteilen, daß Ihr Sohn, Herr D., der inzwischen in unsere Anstalt verlegt werden mußte, am 17. Februar hier infolge Mandelabszeß unerwartet verstorben ist. Alle unsere ärztlichen Bemühungen waren leider vergebens. Er ist sanft und schmerzlos entschlafen. Bei seiner schweren, unheilbaren Erkrankung bedeutet sein Tod Erlösung für ihn.
Infolge der hier bestehenden Seuchengefahr mußten wir auf polizeiliche Anweisung hin die Leiche des Entschlafenen sofort einäschern lassen.

Wir bitten Sie um baldige Nachricht, ob Sie die Urne mit den sterblichen Überresten des Verblichenen auf einem bestimmten Friedhof beisetzen lassen wollen. In diesem Falle bitten wir Sie um Benennung des Friedhofes mit genauer Postanschrift, damit wir die Übermittlung der Urne an die Friedhofverwaltung veranlassen können. Wenn Sie hinsichtlich der Beisetzung keine besonderen Wünsche haben, oder uns innerhalb eines Monats keine Nachricht zukommen lassen, so werden wir die Beisetzung der Urne hier gebührenfrei vornehmen lassen. Die Habseligkeiten des Verblichenen mußten wir aus seuchenpolizeilichen Gründen vernichten lassen.
Zwei Sterbeurkunden, die Sie bitte für eine etwaige Vorlegung bei Behörden sorgfältig aufbewahren wollen, fügen wir bei.

Heil Hitler!
Im Auftrag gez. Dr. Meyer.«

Auch bei diesem Teil der Durchführung des Programms kamen auffällige Mißlichkeiten vor, die die Geheimhaltung gefährdeten. Hierzu gibt der folgende Passus aus einem Briefe Zeugnis, den der Reichsleiter Martin Bormann (Briefkopf: »Nationalsozialistische Deutsche Arbeiterpartei / Der Stellvertreter des Führers / Stabsleiter«) unter dem 24. September 1940 an die Gauleitung Franken zu Händen des Kreisleiters Zimmermann in Nürnberg gerichtet hat:

»Die Benachrichtigungen an die Verwandten werden, wie mir gestern noch einmal bestätigt wurde, textlich verschieden abgefaßt, selbstverständlich kann es aber einmal passieren, daß zwei nahe beieinander wohnende Familien einen Brief mit dem gleichen Wortlaut bekommen.«

Hier wird also nicht einmal mehr auf das Erfordernis taktischen »Fingerspitzengefühls« Bedacht genommen.

XI. Was in der Zeitung stand

Zwei Todesanzeigen vom Jahre 1940 aus der »Leipziger Zeitung«:

»Nach Wochen banger Ungewißheit erhielten wir die Nachricht von dem plötzlichen Tod unseres lieben Sohnes Robert Schnell, Inh. d. Ehrenkreuzes 16-18 für Frontkämpfer, geb. 12. Mai 1897, gestorben 27. September 1940. Die Einäscherung hat bereits in Grafeneck, Kreis Münsingen, stattgefunden.«

»Nach Tagen der Ungewißheit erhielten wir die unfaßbare Nachricht von dem plötzlichen Tode meiner lieben Frau Ella Görlitz, geb. Rosenbaum, geboren 6. März 1901, gestorben 24. September 1940, nach bereits erfolgter Einäscherung in Grafeneck.«

Literatur

Baeyer, W., Ritter v.: Die Bestätigung der NS-Ideologie in der Medizin unter besonderer Berücksichtigung der »Euthanasie«, Universitätstage Berlin »Nationalsozialismus und die deutsche Universität«, Berlin: de Gruyter 1966

Becker, C.: Die Durchführung der Euthanasie in den kath.-caritativen Heimen für geistig Behinderte, in: Jb. d. Caritaswiss., Freiburg 1968

Binding, K. u. A. Hoche: Die Freigabe der Vernichtung lebensunwerten Lebens, Leipzig: Meiner 1920, 2. Auflage 1922

Bleuler, E.: Das autistisch-undisziplinierte Denken in der Medizin und seine Überwindung, Springer-Verlag, Berlin-Heidelberg, 1919, 5. Aufl. 1962

Bodelschwingh, F. v.: Lebensunwert? Eine Stellungnahme, Bethel. Blätterverlag, Bethel o.J.

Bresler, J.: Karl Bindings »letzte Tat für die leidende Menschheit«, Psych.-neurol. Wschr. 22:289-90. 1920/21

Broszat, M.: Rudolf Höß, Kommandant in Auschwitz, autobiographische Aufzeichnungen, Stuttgart 1958

Buchheim, H.: Das Euthanasie-Programm, in: Gutachten des Inst. f. Zeitgeschichte, München 1958

Caplan, G.: Principles of Preventive Psychiatry, Basic Books, New York 1964

Catel, W.: Grenzsituationen des Lebens, Beitrag zum Problem einer begrenzten Euthanasie, Nürnberg: Glock u. Lutz 1962

Degkwitz, R.: Euthanasie – Menschlichkeit des 20. Jahrhunderts? Med. Klinik 71: 1748 u. 1800, 1976

Dörner, K.: Nationalsozialismus und Lebensvernichtung, in: Vierteljahreshefte f. Zeitgeschichte, Heft 2/1967, abgedruckt in: K. Dörner: Diagnosen der Psychiatrie, Frankfurt: Campus 1975

Dörner, K., C. Haerlin, v. Rau, R. Schernus, A. Schwendy (Hrsg.): Der Krieg gegen die psychisch Kranken, Psychiatrie-Verlag, Rehburg-Loccum 1980

Duster, T.: Bedingungen für Massenmord ohne Schuldgefühl. In H. Steinert (Hrsg.): Symbolische Interaktion, S. 76-87, Klett-Verlag, Stuttgart 1973

Ehrhardt, H.: Euthanasie und Vernichtung »lebensunwerten« Lebens, Enke, Stuttgart 1965

Ernst, K., Psychiatr.-neurol. Wschr., 41. Jg., 1939

Fichtner, G.: Die Euthanasiediskussion in der Zeit der Weimarer Republik, in: Eser, A. (ed.): Suizid und Euthanasie als human- und sozialwissenschaftliches Problem, Stuttgart 1976

Finzen, A.: Holocaust und die Psychiatrie, Frankfurter Allgemeine Zeitung, Bilder und Zeiten, 6.10.1979

Finzen, A.: L'euthanasie à Wunstorf, Information Psychiatrique 58 I (1982) 73-75.

Frick, W.: Bevölkerungs- und Rassenpolitik, Langesalza 1933

Galen, Kardinal von, Predigt v. 3.8.1941; in Dörner u.a., 1980, S. 112-123

Gaupp, R.: Die Freigabe der Vernichtung lebensunwerten Lebens. Dtsch. Strafrechtsztg. 7: 332-37, 1920

Gebel, H. G. u. H. Grißhammer: Dokumentation zu den Krankenverlegungen aus Neuendettelsauer Anstalten 1941, dem Verhalten von Innerer Mission und Kirche 1936-42 und der heutigen Reaktion von Kirche und Diakonie auf die Nachfrage nach den Ereignissen, Berlin 1977

Güse, H. G. u. N. Schmacke: Psychiatrie zwischen bürgerlicher Revolution und Faschismus, 2 Bde., Athenäum, Kronberg 1976

Gütt, A., E. Rüdin, F. Ruttke: Gesetz zur Verhütung erbkranken Nachwuchses (erläutert), Lehmanns, München 1934

Hänel, H.: Darf der Arzt töten? in: Allgem. Zschr. f. Psychiat. 79: 438-40, 1923

Hafner, K. H. u. P. Winau: Die Freigabe der Vernichtung lebensunwerten Lebens, Med. histor. J. 9: 227-254, 1974

Hase, H. Ch. v. (ed): Evangelische Dokumente zur Ermordung der »unheilbar Kranken« unter der nationalsozialistischen Herrschaft in den Jahren 1939-1945, Stuttgart 1964

Hoche, A. E.: Jahresringe, München 1934, Berlin 1940

Hochmuth, A. (ed.): Bethel in den Jahren 1939-43, eine Dokumentation zur Vernichtung lebensunwerten Lebens, Bethel-Arbeitsheft 1, Bethel 1973

Hoske, H.: Die menschliche Leistung als Grundlage des totalen Staates, Leipzig 1936

Huber, W.: Psychoanalyse in der Ära des Nationalsozialismus, in: Psychoanalyse in Österreich seit 1933, Wien-Salzburg 1977

Jost, A.: Das Recht auf den Tod, Göttingen 1895

Kaul, F. K.: Nazimordaktion T 4, Berlin 1973. Unter dem Titel: Die Psychiatrie im Strudel der »Euthanasie«, EVA, Frankfurt 1979

Kerrl, H.: Nationalsozialistisches Strafrecht, R. v. Deckens Verlag Berlin 1933

Kihn, B.: Die Ausschaltung der Minderwertigen aus der Gesellschaft, Allg. Zschr. Psychiat. 98: 387-404, 1932

Klee, E., »Euthanasie« im NS-Staat. Die »Vernichtung lebensunwerten Lebens, S. Fischer, Frankfurt 1983

Koch, J. L. A.: Die psychopathischen Minderwertigkeiten, Ravensburg 1891

Koltzoff, N. K.: Die rassenhygienische Bewegung in Rußland, Arch. f. Rassenbiol. 17: 96-99, 1926

Kunze, H.: Psychiatrische Übergangseinrichtungen und Heime, Enke-Verlag, Stuttgart 1981

Leibbrand, W. (ed.): Um die Menschenrechte der Geisteskranken, Die Egge, Nürnberg 1946

Lifton, R. J.: Medicalized Killing in Auschwitz, Psychiatry 45 (1982), 283-97

Lilienthal, G.: Rassenhygiene im Dritten Reich, Medizinhistor. J. 14: 114-34, 1979

Lohmann, Th.: Euthanasie in der Diskussion, zu Beiträgen aus Medizin und Theologie seit 1945 (kommentierte Bibliographie bis 1972), Düsseldorf 1975

Maas, L.: Die Freigabe der Vernichtung lebensunwerten Lebens, Med. Diss., Bonn 1925

Mann, E.: Die Erlösung der Menschheit vom Elend, Weimar 1922

Mann, G.: Rassenhygiene – Sozialdarwinismus, in: G. Mann (ed.): Biologismus im 19. Jahrhundert, Stuttgart 1973

Mausbach, H. u. B.: Feinde des Lebens, NS-Verbrechen an Kindern, Röderberg-Verlag, Frankfurt 1979

Melchers, G.: Biologie und Nationalsozialismus, in: Deutsches Geistesleben und Nationalsozialismus, Tübingen 1965

Meltzer, E.: Das Problem der Abkürzung »lebensunwerten« Lebens, Halle 1925

Menges, J.: »Euthanasie« in het Derde Rijk, de Erven F. Bohn N. V., Haarlem 1972

Meyer, J. E.: Gnadentod für behinderte Kinder, Demente und chronisch Geisteskranke, Nervenarzt 48:564-66. 1977

Mitscherlich, A. u. F. Miehlke: Das Diktat der Menschenverachtung, Lambert Schneider, Heidelberg 1947

Dies.: Wissenschaft ohne Menschlichkeit, Lambert Schneider, Heidelberg 1949

Dies.: Medizin ohne Menschlichkeit, Fischer, Frankfurt 1960

Mitscherlich-Nielsen, M.: Die Notwendigkeit zu trauern, in: Holocaust, eine Nation ist betroffen, ed. v. P. Märthesheimer u. I. Frenzel, Fischer-Taschenbuch, Frankfurt 1979

Mühlmann, W. E.: Ausleseprozesse in der menschlichen Gesellschaft, in: Bremer Beiträge zur Naturwissenschaft, Sonderband 1933

Nachtsheim, H.: Das Gesetz zur Verhütung erbkranken Nachwuchses aus dem Jahre 1933 in heutiger Sicht, Ärztl. Mitt.33: 1640-44 u. 48: 2518-19, 1962

Neukamp, F.: Zum Problem des Gnadentodes oder der Sterbehilfe, in: Zschr. f. psych. Hyg. 10: 162, 1937

Nowak, K.: Euthanasie und Sterilisierung im »Dritten Reich«; die Konfrontation der evangelischen und katholischen Kirche mit dem »Gesetz zur Verhütung erbkranken Nachwuchses« und der »Euthanasie«-Aktion, Halle 1977, als Lizenzausgabe, Göttingen 1978

Platen-Hallermund, A.: Die Tötung Geisteskranker in Deutschland (Aus der dt. Ärztekommission beim amerik. Militärgericht), Verl. d. Frankf. Hefte, Frankfurt 1948

Ploetz, A.: Die Tüchtigkeit unserer Rasse und der Schutz der Schwachen, Berlin 1895

Poltrot, R.: Die Ermordeten waren schuldig? Amtl. Dokumente der Direction de la Santé Publique der franz. Militärreg., Untersuchungsergebnisse, Baden-Baden 1947, 2. Aufl. 1949

Rose, E. u. a.: Zur Frage der Euthanasie, Ethik, Heft 2, 1934

Schäfer, G.: Landesbischof D. Wurm und der Nationalsozialistische Staat 1940-45, eine Dokumentation, Stuttgart 1968

Schmidt, G.: Selektion in der Heilanstalt 1939-1945, Ev. Verlagswerk, Stuttgart 1965

Schulte, W.: »Euthanasie« und Sterilisation im Dritten Reich, in: Deutsches Geistesleben und Nationalsozialismus, Tübingen 1965

Seidel, R.: Persönliche Mitteilung

Simon, H.: Aktivere Krankenbehandlung in der Irrenanstalt, Berlin: de Gruyter 1929

Sternberger, D.: Dokumente zu den Geisteskrankenmorden. Die Wandlung 2, (1947), 160-183

Stöffler, F.: Die pychiatrischen Krankenhäuser des Landeswohlfahrtsverbandes Hessen, Bericht über die Fürsorge für psychisch Kranke im Bereich des Landes Hessen in Vergangenheit und Gegenwart, Schriften des LWV, Nr. 4, 1957

Ders.: »Die Euthanasie« und die Haltung der Bischöfe im hess. Raum 1940-45, Arch. f. mittelrhein. Kirchengesch. 13, 301-25, 1961

Unger, H.: Sendung und Gewissen, Brunnen-Verlag, Berlin 1936

Volk und Gesundheit (Projektgruppe): Heilen und Vernichten im Nationalsozialismus, Tüb. Vereinigg. f. Volkskunde, Tübingen 1982

Wauschkuhn, N.: Die Freigabe der Vernichtung lebensunwerten Lebens, Psych.-neurol. Wschr. 24: 215-17, 1922

Weizsäcker, V. v.: »Euthanasie« und Menschenversuche, Lambert Schneider, Heidelberg 1947

Wollasch, H.-J.: Beiträge zur Geschichte der Deutschen Caritas in der Zeit der Weltkriege, ed. v. Dt. Caritasverband, Freiburg 1978